"十三五"江苏省高等学校重点教材(编号:2018-1-130)

Qiche Guzhang Zhenduan Jishu
汽车故障诊断技术

文爱民　谢　剑　主　编

人民交通出版社股份有限公司
北　京

内 容 提 要

本书为"十三五"江苏省高等学校重点教材(编号:2018-1-130)。为了适应项目化教学,本书采用了项目驱动的编写模式,对汽车故障诊断技术进行了详细介绍,主要内容包括汽车故障诊断基础、汽车发动机故障诊断、汽车底盘故障诊断、汽车电气系统故障诊断、电动汽车故障诊断。书中既对汽车发动机、底盘、电气系统常见故障的诊断方法进行了阐述,还对电动汽车的常见故障进行了介绍,并对学习工作单进行了详细设计。

本书适合作为高等职业院校、应用型本科院校汽车类专业的教材,也可供汽车检测、汽车维修技术等从业人员学习参考。

图书在版编目(CIP)数据

汽车故障诊断技术/文爱民,谢剑主编. —北京:人民交通出版社股份有限公司,2021.2
 ISBN 978-7-114-17005-8

Ⅰ.①汽… Ⅱ.①文…②谢… Ⅲ.①汽车—故障诊断—高等学校—教材 Ⅳ.①U472.42

中国版本图书馆 CIP 数据核字(2021)第 018358 号

书　　　名:	汽车故障诊断技术
著　作　者:	文爱民　谢　剑
责任编辑:	张一梅
责任校对:	孙国靖　卢　弦
责任印制:	张　凯
出版发行:	人民交通出版社股份有限公司
地　　　址:	(100011)北京市朝阳区安定门外外馆斜街3号
网　　　址:	http://www.ccpcl.com.cn
销售电话:	(010)59757973
总 经 销:	人民交通出版社股份有限公司发行部
经　　　销:	各地新华书店
印　　　刷:	北京市密东印刷有限公司
开　　　本:	787×1092　1/16
印　　　张:	13.25
字　　　数:	254 千
版　　　次:	2021 年 2 月　第 1 版
印　　　次:	2021 年 2 月　第 1 次印刷
书　　　号:	ISBN 978-7-114-17005-8
定　　　价:	39.00 元

(有印刷、装订质量问题的图书由本公司负责调换)

前言

为适应我国汽车维修行业技能型紧缺人才培养的需求,南京交通职业技术学院汽车工程学院近几年积极探索,勇于实践,大力改革教学模式,加大与企业合作办学的力度,取得了良好效果。为提高学生的综合素质,切实增强学生的实践动手能力,我们引入了以工作项目为驱动的项目化教学模式。为适应新的教学模式,就必须打破传统教材的内容体系,为此我们编写了本书。

本书以"项目驱动"为编写思路,采用与企业工作一线相接近的具体工作项目引出相应的专业知识,学习目标非常明确,突破了传统的"理论"与"实践"的界限,体现了现代职业教育"一体化"的特色,调动了学生学习的主动性。

本书以汽车故障诊断技术作为学习对象,首先对汽车故障诊断基础知识进行了总体介绍,然后分别对汽车发动机、底盘、电气系统常见故障的诊断与排除进行了详细介绍,并对电动汽车常见故障进行了阐述。根据维修企业工作一线的实际情况,本书设置了五个学习单元,共16个学习项目。为了取得较好的学习效果,针对操作性较强的训练项目专门设计了学习工单(单独成册)。

本书突破了传统意义上教材的概念,它既是一本教材,也是一本练习册。即使在课堂理论教学中,学生也必须积极参与,动手练习,改变了传统教学中学生被动听课的状态。每个训练项目均注重学生综合素质的培养,既有对学生实践动手能力的训练,也有对学生自我学习能力、团队合作、资料收集、5S等方面的训练。每个训练项目的设置,均充分考虑了现有的教学资源,可操作性强,效率高。

本书由南京交通职业技术学院文爱民、谢剑任主编。参与编写的还有刘静、刘奕贯。全书由谢剑统稿。

由于时间仓促,作者水平有限,书中难免有疏漏与不妥之处,在此,恳请广大读者对本书提出宝贵的意见和建议,以便再版时修订。

作 者
2020 年 8 月

目 录

单元一　汽车故障诊断基础 ·· 1
单元二　汽车发动机故障诊断 ··· 21
　项目2.1　发动机缸压过低故障诊断 ·· 21
　项目2.2　发动机过热故障诊断 ·· 31
　项目2.3　发动机机油消耗过多故障诊断 ··· 38
　项目2.4　发动机不能起动故障诊断 ·· 45
　项目2.5　发动机怠速不良故障诊断 ·· 52
　项目2.6　发动机油耗过高故障诊断 ·· 67
单元三　汽车底盘故障诊断 ·· 73
　项目3.1　离合器打滑故障诊断 ·· 73
　项目3.2　变速器挂挡困难故障诊断 ·· 80
　项目3.3　自动变速器打滑故障诊断 ·· 84
　项目3.4　汽车转向沉重故障诊断 ··· 95
　项目3.5　汽车制动不灵故障诊断 ·· 105
　项目3.6　防抱死制动系统(ABS)警告灯常亮故障诊断 ······································· 113
单元四　汽车电气系统故障诊断 ·· 121
　项目4.1　空调制冷不足故障诊断 ·· 121
　项目4.2　灯光不亮故障诊断 ·· 136
单元五　电动汽车故障诊断 ·· 150
　项目5.1　车辆无法上电故障诊断 ·· 150
　项目5.2　不能充电故障诊断 ·· 159
参考文献 ·· 168

单元一　汽车故障诊断基础

汽车是一个由许多总成、机构和元件组成的复杂系统。在使用过程中,汽车的技术状况会随着行驶里程的增加而下降,最终影响汽车的使用性能,甚至运行安全。因此,及时准确地诊断出汽车故障部位并进行修复,就成为汽车售后服务中的一项重要内容。

汽车故障诊断技术是汽车维修技术人员应该具备的高级技能,本单元是后续单元学习的基础,通过本单元的学习,应达到以下目标:

(1)熟悉汽车故障诊断的相关术语。
(2)熟悉汽车故障的类型、产生的原因。
(3)了解汽车故障诊断的基本方法。
(4)熟悉汽车故障诊断常用仪器与设备。

一、相关术语

1. 汽车故障

在使用过程中,当汽车的技术状况下降到影响汽车的使用性能甚至运行安全时,即产生了汽车故障。汽车故障是指汽车部分或完全丧失工作能力的现象,它包括汽车不能行驶、功能不正常和个别性能指标超出规定范围等,其实质是汽车零件本身或零件之间的配合、连接状态发生了异常变化。

2. 汽车故障诊断

汽车故障诊断是在汽车不解体(或仅卸下个别小件)条件下,为确定汽车技术状况或查明故障部位、原因而进行的检测、分析与判断。

3. 诊断参数与诊断标准

诊断参数是供诊断用的能够反映诊断对象技术状况的可测物理或化学量。诊断标准是在规定测试条件下所得到的诊断参数测量值的极限值。

进行汽车故障诊断时,需要通过检测来获取诊断参数,然后将诊断参数与诊断标准进行比较分析,最后判断检测对象的性能是否正常。在进行检测时,测试条件必须与诊断标准中规定的测试条件保持一致,否则,得到的诊断参数将毫无意义,如在检测发动机怠速转速时,应保证发动机冷却液温度达到规定范围。

二、汽车故障类型与原因分析

1. 汽车故障分类

按照不同的分类方法,汽车故障可分为不同的类型。常见的汽车故障分类方法有以下几种。

1)按故障发生的性质

按故障发生的性质可分为自然故障和人为故障。

自然故障是汽车在使用期内，由于受外部、内部不可抗拒的自然因素的影响而产生的故障，如当达到一定的使用时间时，正时齿带会失效、轮胎会磨损等。

人为故障是汽车在制造、使用和维修中，由于使用了不合格的零件或违反了装配的技术要求，或汽车在使用中没有按照规范操作，或在维修中没有遵守工艺要求或维修规范等人为因素所造成的故障。

2）按故障发生的速度

按故障发生的速度可分为突发性故障和渐变性故障。

突发性故障是指零件在损坏前没有可以觉察到的征兆，零件损坏是瞬时出现的。这是由于各种不利因素以及偶然的外界影响共同作用的结果。这种作用已经超出了产品所能承受的限度。如汽车行驶中由于遇到意外的石块撞击等原因而造成前风窗玻璃的损坏；轮胎被地面尖石或铁钉刺破等。故障发生的特点是具有偶然性和突发性，一般不受运转时间影响，无法监控，因而这种故障是难以预测的。但这种故障容易排除，因此，通常不影响汽车的使用寿命。

渐变性故障是由于汽车某些零件的初始参数逐渐恶化，其参数值超出允许范围而引起的故障。如发动机烧机油故障，它是由于随着发动机使用里程数的增加，汽缸壁与活塞逐渐磨损，最后使配合间隙超过了允许范围，导致润滑油窜入燃烧室，而造成烧机油故障。这种故障的特点是故障发生的概率与使用时间有关，它只是在汽车有效寿命的后期才明显地表现出来。渐变性故障的发生标志着产品寿命的终结，对汽车而言则往往是需要进行大修的标志。由于这种故障是逐渐发展的，所以是可以进行预测的。通过诊断和监测仪器进行测试或监控，能预测故障的发生时间。

突发性故障和渐变性故障之间一般是有联系的。应该说，所有的故障都是渐进的，因为事物的变化都是由量变到质变的过程。如零件的磨损发展到一定程度，就可能导致突然损坏，旧轮胎发生故障的概率要比新轮胎大得多。因此，汽车使用时间越长，发生故障的概率越高，损坏的程度越大。

3）按故障表现的稳定程度

按故障表现的稳定程度可分为持续性故障和间歇性故障。

持续性故障是指车辆运行中一直存在的故障。持续性故障一旦发生，其出现规律明显，症状表现稳定，直至被排除为止。引起这类故障的故障部位技术状态稳定，一般较易诊断和排除。如由于某缸分缸线老化造成的发动机怠速抖动故障，就属于持续性故障。

间歇性故障是指在车辆运行中间歇存在的故障。间歇性故障具有突发性，时有时无，且无明显规律的特点，其原因是引起这类故障的故障部位的技术状况发生不规则变化，故障原因不稳定。这类故障较多地发生在电路，特别是汽车电控系统中，其主要原因是汽车组成件因磨损、过热、振动导致故障部位技术状态处于故障临界状态。如线路接触不良，就可导致间歇性故障。

4）按故障是否显现

按故障是否显现可分为可见故障和潜在故障。

可见故障是指已经导致汽车功能丧失或性能降低的故障，如汽车前照灯灯泡的损坏。

潜在故障是指正在逐渐发展但尚未对功能产生影响的故障。如：汽车传动轴产生裂纹，当未扩展到极限程度时,为潜在故障。

注意:潜在故障一旦爆发,常常具有突发性,因此,对汽车的安全行驶极其不利。

2.汽车故障产生原因

汽车故障种类繁多,原因复杂,而造成汽车故障的主要原因是零件失效。

1)零件失效的影响因素

造成汽车零件失效的原因是多方面的,有的是因为设计或制造中存在缺陷所致,有的是由于使用不当,维修不良引起的,但大部分是长期运行正常磨损后产生的。所有这些因素都可以划分为两大方面,即自然因素与人为因素。

(1)自然因素。

汽车由成千上万个具有不同功能的零件组成,随着行驶里程的增加,汽车零件失效和由此引起的汽车技术状况变差是不可避免的。如金属件的磨损、断裂、腐蚀、穴蚀和变形等,电子元件的击穿、老化和连接不良等,都会造成汽车故障。

汽车外部使用条件的恶化也是造成汽车故障的自然因素之一。若车辆经常在坎坷崎岖的路面上行驶,悬架、轮胎及其他一些机件长期受到振动、冲击,易超过疲劳强度发生损伤,出现故障;经常在山区行驶,易造成制动器的早期磨损。在严寒低温时,易造成起动机件、汽缸壁、活塞环等使用寿命缩短;在盛夏高温时,运动机件磨损将加剧,轮胎易爆胎、发动机易过热。

(2)人为因素。

①设计制造缺陷。

汽车在设计和制造上的缺陷,会给机件带来先天性不良,以致使用不久就出现故障。如有的发动机与底盘匹配不当,造成换挡冲击;有的发动机散热性能差,出现发动机经常过热;有的汽缸体内部有铸造气孔,造成发动机使用不久就出现故障。

②使用操作不当。

汽车驾驶员的素质对汽车性能变化有较大影响。汽车驾驶员操作技术的高低,对新车型、新装置使用注意事项的熟悉程度,对汽车日常维护、故障处理是否规范,直接影响汽车技术状况的变化。

若汽车驾驶员驾驶粗暴,经常紧急制动、急加速,将使制动系统和行驶系统加速损坏;技术不娴熟,换挡操作不恰当,则将造成打齿,易造成变速器齿轮过早磨损;若在使用中经常超载,各系统、零件长时间超负荷工作,会出现早期损伤,导致故障的发生。

③维修不规范。

汽车维护和修理是确保汽车技术状况完好,减少故障发生的重要技术措施。不按时、不按规范对汽车进行维护和修理,故障则不可避免。

正确使用燃油、润滑油,是保证汽车正常行驶,减少故障和延长使用寿命的重要因素。如电喷发动机要求使用无铅汽油,若使用含铅汽油,会导致氧传感器铅中毒,造成发动机动力性下降。润滑油过稀或过稠、性能不好,都会使零件因润滑不良而容易磨损;使用标号不对的机油,易导致拉缸。

维修人员素质差,水平低,检测维修设备不齐全,配件质量差,也会导致汽车故障增多。

2)零件失效的表现形式

汽车零件可以分为机械零部件和电子零部件,机械零部件中,金属零部件的失效是导致汽车故障的常见部件。金属零部件失效的主要表现形式有磨损、变形、断裂、腐蚀和穴蚀等。电子零部件失效的主要表现形式有击穿、老化、连接不良等。

(1)金属零部件的失效。

①磨损。

绝大多数汽车零部件的报废并不是由于汽车零部件的整体损坏,而是由于部分配合面的表面磨损,导致其工作性能降低。

按磨损机理的不同,磨损可分为磨粒磨损、黏着磨损、疲劳磨损、腐蚀磨损等。同一零件同一表面的磨损,可能是由于单独的磨损机理造成,也可能是由于综合的磨损机理造成的。

A.磨料磨损。磨料磨损是指摩擦表面与硬质颗粒或硬质凸出物相互摩擦引起的磨损。这种硬质颗粒或硬质凸出物就是磨料。汽车各摩擦副之间的磨料大多来自空气中的尘埃、燃油和机油中的杂质和零件摩擦表面剥落下来的颗粒。磨料磨损是汽车零件最常见的磨损形式。在汽车维修中应做好零件清洁存放,加强零件装配前的清洁工作和密封工作,防止外界磨料进入总成内部。

B.黏着磨损。黏着磨损是指摩擦表面间接触点发生黏着现象,使一个零件表面的金属转移到另一个零件表面所引起的磨损。所谓黏着,就是两个摩擦表面接触点金属熔化、原子互相扩散、化合以及再结晶的过程。摩擦副运动进程中,局部接触点油膜或氧化膜被破坏,在摩擦高温下发生黏着,在随后的运动中又撕裂,如此黏着—撕裂—再黏着—再撕裂,反复进行就形成黏着磨损。汽车发动机中的汽缸与活塞环,气门挺杆与凸轮轴凸轮处的机油膜遭到破坏时,即可发生这种轻微的黏着情况。由于发动机过热或配合间隙太小,所产生的拉缸、烧瓦抱轴以及主减速器锥齿轮由于用油不当、调整欠妥而引起的剧烈磨损,都是典型的黏着磨损。为减少黏着磨损,在汽车维修中应注意保证配合副的合理装配间隙、零部件修理后应达到规定的表面粗糙度、保持良好的冷却与润滑等。

C.疲劳磨损。疲劳磨损是指具有纯滚动或滚动与滑动并存的摩擦副,在工作过程中,由于交变接触应力的周期性作用,使零件表层产生微粒脱落而引起物质损失的现象。疲劳磨损的特点具体表现为摩擦面出现大小、深浅不同的麻点或痘斑状凹坑。疲劳磨损是汽车齿轮齿面、滚动轴承滚动体及内外圈滚道表面、凸轮和挺柱接触面等零件的主要失效形式之一。

D.腐蚀磨损。腐蚀磨损是指在摩擦过程中,由腐蚀和摩擦共同作用导致的零件表面物质损失的现象。单纯的腐蚀现象不属腐蚀磨损,腐蚀磨损是一种机械化学磨损,它是腐蚀现象与机械磨损过程相结合时形成的。腐蚀磨损可分为化学腐蚀磨损、氧化磨损和电化学腐蚀磨损。可燃混合气在汽缸内燃烧的过程中,常生成CO、CO_2、SO_2、NO_2和气态水,一旦发动机温度较低,气态水遇到低温缸壁会变为液态水,CO、CO_2、SO_2和NO_2可溶入水形成电解质,在缸壁上起电化学作用而使缸壁表面腐蚀,这种腐蚀的快慢与缸壁温度有关。冷却液温度低于50℃时,缸壁的磨损速度急剧上升。

②变形。

汽车零件在长期工作中,由于受到外载荷、工作温度和残余应力的不断作用与影响,使零件的尺寸或形状发生改变的现象,称为零件的变形。变形分弹性变形和塑性变形两种。

零件变形失效,除了设计、制造方面的原因外,还有在使用过程中的残余应力、外载荷、温度、使用维修不当等。汽车在使用中因温度引起变形的原因主要是热应力,所谓热应力是指汽缸体、缸盖和变速器壳体等零件,在从高温冷却下来的过程中,由于结构厚薄不均,冷却速度不同,收缩有先后,因而在零件内部产生彼此相互制约的内应力。另外,金属材料的弹性极限随温度的升高而降低,所以零件的工作温度越高,越容易引起变形。

汽车零件的变形,特别是各总成基础件,如汽缸体、汽缸盖、曲轴、变速器壳、前后桥等的变形,将导致各零件正常的配合性质被破坏,润滑条件变差,并产生一定的附加载荷,使零件的磨损加剧,使用寿命降低。

为减小变形及其对汽车性能的影响,在汽车维修中应注意:

A. 一些易变形零件避免在高温下拆卸,如:不能在发动机冷却液温度较高时拆卸汽缸盖。

B. 在维修中应严格检验零件的变形情况,特别是汽缸体、变速器壳和前后桥等基础件的变形情况。

③断裂。

断裂包括裂纹和折断,是一种最危险的零件失效形式。汽车上约有90%以上的断裂可归结为零件疲劳失效造成的,如汽车车架的裂纹、曲轴的裂纹与断裂、钢板弹簧的裂纹与折断等。汽车零件的疲劳是在较长时间内,在交变载荷多次重复作用下导致材料疲劳而引起的。疲劳断裂的零件所承受的应力通常低于材料的抗拉强度,甚至低于材料的屈服强度,且为突然发生的脆性断裂。

为避免汽车零件发生疲劳断裂,在汽车维修工作中应注意:

A. 汽车零件机械加工修复时,应保证过渡圆角半径和表面粗糙度达到技术要求。

B. 在零件拆装和存放过程中,避免零件表面发生擦伤和划痕。

C. 在维修检验和检查中,对承受交变载荷的零件应进行无损探伤和检测。

④腐蚀。

金属零件的腐蚀是指表面与周围介质起化学或电化学作用而发生的表面破坏现象。腐蚀损伤总是从金属表面开始,然后或快或慢地往里深入,并使表面的外形发生变化,出现不规则形状的凹坑、斑点等破坏区域。

根据腐蚀机理的不同,腐蚀可分为化学腐蚀、电化学腐蚀和氧化腐蚀等。

A. 化学腐蚀。金属与外部介质直接起化学反应而引起零件表面不断腐蚀、脱落而受到破坏的过程称化学腐蚀。外部介质多数为非电解质溶液,如干燥空气、有机液体、汽油、润滑剂等。

B. 电化学腐蚀。金属外表面与周围电介质发生电化学作用而有电流产生的腐蚀称为电化学腐蚀。属于这类腐蚀的有:金属在酸、碱、盐溶液及潮湿空气中的腐蚀。金属与电介质溶液相接触,形成原电池,零件内电极电位较低的部分遭受腐蚀;除上述微观的电化学腐蚀外,还有宏观电化学腐蚀,如:汽车电气设备中的铜制接头或螺栓与车身车架的紧固处,与水接触就构成原电池,使车架本身遭受腐蚀;铜制节温器与其铝外壳之间的电化学腐蚀等。

C. 氧化腐蚀。金属与空气中的氧或氧化剂起作用,将在金属表面形成氧化膜。这种氧化作用是在没有腐蚀介质存在的条件下进行的。一般条件下,这种氧化膜可以对金属基体起保护作用,防止金属继续氧化。

为避免或减轻腐蚀危害,在汽车维修中一方面应做好汽车的清洁(含干燥)工作,另一方面应对汽车防腐覆盖层的破损部分及时修补。

(2)电子零部件的失效。

汽车电子零部件的工作环境可概括地归纳为以下几点:即温度和湿度的变化范围宽、电源电压波动大、脉冲电压强、电磁相互干扰多、振动与冲击剧烈、尘埃与有害气体侵蚀等。

电子零部件失效的主要形式有元件击穿、元件老化和连接不良等。

①元件击穿。

元件击穿有许多原因,主要是过压击穿、过流击穿和过热击穿。击穿的现象有时表现为短路形式,有时表现为断路形式。由电路故障引起的过压、过流击穿常常是不可以恢复的。

据资料统计,汽车上的电器由于介质击穿造成的损坏大约为85%,而其中约有70%的击穿故障是发生在新车上的。同时,电容器的击穿又常常会烧坏与其串联的电阻元件。

晶体管的击穿也是一种主要的故障现象。有的晶体管由于元件自身热稳定性差而导致类似于击穿的故障,称为"热短路"或"热击穿"现象。

②元件老化。

元件老化就是指性能退化。它包括许多现象,如晶体管的漏电增加、电阻值变化、可变电阻不能连续变化、继电器触点烧蚀等。对于继电器这类元件,往往还存在由于绝缘老化、线圈烧坏、匝间短路、触点抖动,甚至无法调整初始动作电流等故障。

③连接不良。

这类故障主要是指电子器件内部接线松脱、接触不良、潮湿、腐蚀等引起的短路和断路现象。

3.汽车故障的症状

汽车故障症状即故障现象,它是指故障的具体表现。现代汽车结构复杂,出现的故障多种多样,对其归纳分类,有助于故障分析和诊断。

1)工况突变

工况异常是指汽车的工作状况突然出现了不正常现象。这是比较常见的故障症状。例如,发动机突然熄火后再起动困难,甚至不能起动;发动机在行驶中动力性突然下降,导致行驶无力;行驶中,散热器"开锅"、制动跑偏、转向沉重、转向灯不亮等。这种故障现象明显,容易察觉,但其原因复杂,而且往往是由渐变到突变,涉及较多的系统。因此,在诊断时应认真分析前因后果,找到故障本质,判明故障根源。

2)声响异常

有些故障往往可引起汽车发动机或底盘部分的不正常响声,这种故障症状明显,一般可及时发现。一些声响异常的故障能酿成机件的大事故,因此要认真对待。经验表明,凡响声沉重,并伴有明显振抖现象,多为恶性故障,应立即停机,查明原因。造成异响的原因不同,响声的规律也会有所不同,在判断时,应正确分辨仔细查听。

3)系统过热

过热现象通常表现在发动机、变速器、驱动桥、制动器等总成以及一些电气元件上。在正常情况下,无论汽车工作多长时间,这些系统、机构均应保持在一定的工作范围内,超过这个工作范围,为过热故障。如轿车发动机正常冷却液温度一般为85～115℃,超过此温度范围为发动机过热。对于变速器、主减速器、制动器、电气元件,这些部位正常的工作温度为50℃左右,若用手触试感到烫手难忍,即表明该处过热。

4) 尾气异常

发动机在工作过程中,正常的尾气排放物是 CO_2 和少量水蒸气,应为无明显颜色、无明显气味的烟雾,尾气排放口的声音也很轻微。若燃烧不正常,尾气的颜色将发生改变,将会排出黑烟、蓝烟、白烟,其气味也会改变,可能会发出恶臭味、呛人的生烟味等,尾气排放口的声音会变大,可能发出突突声。这都表明发动机工作不正常。排黑烟主要是混合气燃烧不完全,含有大量的炭粒、HC、CO;排蓝烟主要是因为机油进入燃烧室所致;排白烟主要是因为冷却液进入燃烧室所致。也可进一步使用尾气分析仪,对尾气成分进行检测,尾气分析已成为发动机故障诊断的重要手段。

5) 油液消耗异常

汽车油液消耗异常,也是汽车故障的一种表现。燃油消耗增多,一般为发动机工作不良或底盘(传动系统、制动系统)调整不当所致。机油消耗异常,除了渗漏原因外,多为发动机存在故障,同时若伴有排蓝烟,一般为机油进入燃烧室被燃烧所致。如果发动机在运行中,机油量有增无减,可能是冷却液或汽油掺入。因此,燃油、机油消耗异常是发动机存在故障的一个标志。

6) 气味异常

汽车在运行中,如有制动拖滞、离合器打滑,则会散发出摩擦片的焦糊味;发动机过热、机油或制动液燃烧时,会散发出一种特殊气味;电路断路、搭铁、导线烧毁也有异味。行车中一经发觉,即应停车查明故障所在。

7) 失控或抖动

汽车或总成工作时,可能会出现操纵困难或失灵、过大的自身振抖,如前轮定位不正确而出现的前轮摆振或跑偏;由于曲轴或传动轴动平衡不良而产生的发动机或传动系在运转中的振抖。

8) 渗漏现象

燃油、机油、冷却液、制动液(或压缩空气)、动力转向油的渗漏现象,也是一种明显的故障。渗漏易造成过热、烧损及转向、制动失灵等故障。

9) 外观异常

将汽车停放在平坦路面上,检查外形状况,如有横向或纵向的倾斜,其原因多为车架、车身、悬架、轮胎等出现异常,这样会引起方向不稳、行驶跑偏、轮胎早磨等故障。

三、汽车故障诊断的基本方法

1. 汽车故障诊断的基本方法

在进行汽车故障诊断时,常用的基本方法有直观诊断法、仪器诊断法和智能诊断法。

1) 直观诊断法

直观诊断法也称人工经验诊断法,是诊断人员凭借一定的理论知识和积累的实践经验,利用简单工具诊断汽车故障的方法。直观诊断法主要是利用人的感觉器官(口、眼、耳、鼻、手),对汽车故障现象进行问、看、听、闻、摸、试等,了解和掌握故障现象的特点,深入分析、判断而确定故障部位的诊断方法。

(1)口问。接车后,首先要向驾驶员详细询问车辆的行驶里程、行驶状况、行驶条件、维修情况、故障表现、故障起因等情况,初步掌握故障的前因后果。有些常见故障或某个车型的普遍故障通过询问即可准确地判断出来。

(2)眼看。主要是通过观察发现汽车较明显的异常现象,例如,有无漏油、漏水、漏气,发动机排气颜色是否正常,液体流动是否正常,各部件运动是否正常,连接件有无松脱、裂纹、变形及断裂等现象,轮胎气压及轮胎磨损状况,车架、车桥、车身及各总成外壳、护板等有无明显变形现象、有无剐蹭痕迹等。

(3)耳听。所谓"听",一般是指在汽车工作时听有无敲缸、异常摩擦、传动带打滑、机械撞击、排气管放炮等杂音及异响。汽车整车及各总成、各系统在正常工作时,发出的声音一般都是有一定规律的,通过仔细辨别能大致判断出声音是否正常,根据异响特征,甚至可直接判断出故障的部位及原因。

(4)鼻闻。主要是通过出现故障后产生的不同气味来判断故障部位及原因。如发动机烧机油,会产生烧油味;混合气过浓,排气中有生油味;离合器、制动器等摩擦片打滑时,会发出焦臭味;传动带打滑后,会产生烧焦味;导线过热,会发出胶皮味;橡胶件及塑料件过热,会产生橡胶味及塑料味等。

(5)手摸。用手触摸各接头、插接口、固定螺栓(钉)等是否松脱,各总成部件的温度有无异常等。如汽车空调制冷工作时,高压管应烫手(70℃左右)、低压管应冰手(0℃左右),否则说明不制冷;行车间隙用手感觉胎侧温度,可判断胎温是否过高;用手摸导线接头是否牢固、有无发热现象,可以判断有无虚接或接触不良;也可用手对故障可疑部位进行振动或晃动,查看故障现象是否有变化或消失,如图1-1所示。

(6)试。"试"是指用正常总成或零部件替换怀疑有故障的总成或零部件,比较替代前后的差异,若替换后故障消失,就说明故障判断正确;若故障现象无变化,表明判断错误,另有其他故障原因,需进一步查找;若故障现象有变化,但未完全排除,表明其他部位还有故障。

直观诊断法的特点是不需要任何仪表器具或其他条件,在任何场合下都可以进行,特别是对汽车运行过程中出现的随机故障,不失为一种行之有效的诊断方法。在使用本方法时,一般应先了解汽车的使用和维护情况,搞清故障特征及其伴随现象,然后由简到繁、由表及里地进行推理分析,作出判断。

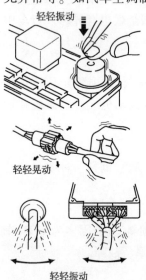

图1-1 振动法

直观诊断法比较依赖技术人员的经验,诊断的准确性与速度取决于技术人员的技术水平,但它仍具有十分重要的实用价值,即使在目前普遍使用现代仪器设备进行故障诊断的情况下,也不能轻视直观诊断法,更不能忽视其实用性。

2)仪器诊断法

仪器诊断法是利用仪器和设备(包括常用仪器、仪表和专用设备等)诊断汽车故障的方法。仪器诊断法利用仪器和设备来获得一些诊断参数,如电阻、电压、电流、频率、信号波形等,进而能对检测对象进行定量的分析,最终找到故障点。

仪器诊断法是在传统的直观诊断法基础上随着社会和科学技术的进步,逐渐发展起来的。与直观诊断法相比较,其不同点在于:一是要借助于仪器;二是将检查结果定量化。该方法提高了诊断人员对汽车技术状况了解的准确程度,但这类仪器仪表一般只能对各项诊断参数逐项进行检测,效率较低;而且分析判断仍完全由人工完成,故障诊断的速度和准确性主要取决于诊断人员的技术水平。

目前,常用仪器设备有万用表、故障诊断仪、示波器、喷油器清洗检测仪、汽缸压力表、LED 试灯、尾气分析仪、四轮定位仪等。

下面对故障诊断仪的使用进行简单介绍。

汽车电子控制系统是一个相当复杂的系统,电子控制单元(ECU)在完成各项控制功能的同时,还带有自诊断功能,即控制系统中有一套监控程序,如果被监控的电路信号超出正常的范围,ECU 将以故障代码的形式记录并储存下来,同时采用应急容错控制技术,启动备用程序,以维持车辆的基本工作状态。

通过故障诊断仪,在进行故障诊断时就可以利用 ECU 的自诊断功能进行故障代码的读取和清除、数据在线检测(即数据流分析)、执行器功能测试和基本设定。

(1)故障代码的读取与清除。

故障代码的读取方法有两种:一种是人工读码,另一种是用故障诊断仪读码。故障代码的清除,可以采用人工断电方式,将电控系统主电源熔断丝或车辆蓄电池拆除 10s 以上,即可清除 ECU 中的记忆故障代码;也可利用故障诊断仪的消码功能,根据屏幕提示操作键盘,即可将故障代码清除。

在车辆线束总成上有一个故障诊断插座,故障诊断插座上设有一个串行数据传输线,接上故障诊断仪,操作键盘,按菜单提示进入故障代码读取通道,即可将 ECU 内储存的故障代码读出并显示在显示屏上。故障诊断插座一般位于仪表台下方(转向柱左侧),如图 1-2 所示。

图 1-2 故障诊断插座位置

汽车故障诊断仪有两类:一类是专用故障诊断仪,每个汽车厂家一般都开发了自己的专用故障诊断仪,如通用 GDS、丰田 GTS、大众 VAS6160 等;另一类是通用故障诊断仪,这种诊断仪能够适用于较多的车型,如国外的有美国 Snap-on 公司的 Scanner(即红盒子)、美国 IAE 公司的 OTC;国内的有修车王、车博士、金德 KT600、金奔腾等。

(2)数据流分析。

利用故障代码进行故障诊断,虽然在一定程度上方便、快捷,但存在两方面的局限性:一是故障代码只能指明某一部分电路有故障,只是一个范围,不能具体到故障部位;二是 ECU

只能监测到信号的范围,不能监测到被测信号的变化特性,即只对值域区和时域区超出有效范围的信号设置故障,而对于没有超出有效范围,但不合理的数据则无法判断。所以,故障代码只是一个重要参考,不能完全依赖于对故障代码的检测,在排除故障时还必须做更进一步的检测。

车辆的自诊断系统除了具有故障代码的设置功能外,一般还有行车记录功能,能记录车辆在行驶过程中的传感器、执行器及相关电路的数据和资料。将故障诊断仪通过故障诊断插座与车辆ECU相连,选择正确通道,在故障诊断仪的显示屏上便可以显示出所测的数据,通过分析、比较这些数据,可以为进一步故障诊断和排除疑难故障提供更多的信息和线索。

(3)执行器测试。

利用故障诊断仪还可以通过车辆ECU向执行器发出控制指令,使某些执行器产生动作,以测试其功能的好坏,如喷油器动作的测试、活性炭罐电磁阀动作的测试、换挡电磁阀动作的测试、空调压缩机离合器动作的测试等。

(4)基本设定。

在某些车型中,更换元件之后需要进行参数匹配,又称基本设定。如大众车系的电子节气门体,更换后需要将节气门体与ECU进行匹配,如果更换了ECU,也需要在节气门体与新ECU之间进行匹配,否则会出现发动机怠速抖、行驶无力等现象,这一工作必须由故障诊断仪来完成。

3)智能诊断法

随着计算机技术在汽车诊断方面的深入应用,以微机控制为核心的汽车诊断设备能自动完成对诊断对象的检测,并利用仪器自存的诊断标准和分析软件实现检测结果的自动分析,进而自动对汽车技术状况、故障部位、原因作出判断。目前,汽车车载自诊断系统(OBD-Ⅱ)是智能诊断系统的一种,但其智能化还远远不够。智能诊断法是汽车故障诊断技术的发展方向。

需要说明的是,以上各种诊断方法都各有其优缺点,每种故障诊断方法并不能被其他方法完全取代。在实际应用中,不同诊断方法常常结合使用,它们之间互为补充,最佳的故障诊断方法是:既有丰富的实践经验,又有先进的检测设备,两者结合,灵活运用。在实际故障诊断中,先进行人工直观诊断,必要时再用相应的仪器设备进行检测,这样可使故障的诊断速度和精度大大提高。

2.汽车故障分析的基本方法

汽车故障形式多样,故障原因纷繁复杂,要进行快速准确的故障诊断,前提是必须熟悉汽车的构造与原理,熟悉各种检测设备的使用方法,熟悉各元件的检测方法;关键是具有清晰科学的诊断思路;核心是具有较强的分析和判断能力,缜密的综合分析、科学的推理判断是实现快速、准确、有效故障诊断的核心所在。

汽车故障分析的基本方法包括思维导图分析法和诊断流程图分析法。

1)思维导图分析法

思维导图分析法在汽车故障诊断中主要用于对汽车故障原因进行定性分析,其表现形式是故障树。思维导图分析法是汽车故障诊断最常用的分析方法,绘制故障树的基本方法是将系统故障形成的原因由总体至部分按树枝状逐级细化,其作用是明确故障基本原因,找出所有的可能故障点,从而不会遗漏任何基本故障点。

用思维导图分析法进行汽车故障诊断,是将汽车的故障现象作为分析目标,然后寻找直接导致这一故障发生的全部因素,再寻找造成下一级事件的全部直接因素,一直追查到那些基本的、无须再深究的因素为止,其结果是反映汽车故障因果关系的树枝状图形——故障树。故障树的表现形式可以多种多样,只要遵循由总体至部分按树枝状逐级细化的原则即可。

一个故障的基本故障点可能有很多,死记硬背会比较困难。通过绘制故障树,将故障原因由总体至细节层层分解直至最终基本故障点,可以锻炼我们归纳总结的能力,同时有助于提高我们的记忆力。

2)诊断流程图分析法

诊断流程图分析法是汽车故障分析中检测思路、综合分析、逻辑推理和判断方法的表达方式,其表现形式是故障诊断流程图,它是汽车故障排除的操作流程。绘制诊断流程图的作用是确定检修流程,提高诊断效率。绘制诊断流程图的基本原则是先易后难,由表及里、分层推进。

诊断流程图是根据汽车故障现象特征和技术状态之间的逻辑关系,反映汽车故障诊断综合分析、逻辑推理和判断思路,描述汽车故障诊断操作顺序和具体方法,从原始故障现象到具体故障部位和原因的顺序框图。

在用故障树分析法绘制出汽车故障树的基础上,依据汽车故障诊断和维修积累的经验,根据先易后难,由表及里、分层推进的原则,列出汽车故障诊断的操作顺序,阐明具体操作方法,并用流程图的形式表达出来,最终提高诊断效率。

本书以典型车型常见故障现象为研究对象,重点通过绘制思维导图、故障诊断流程图的形式来阐述故障诊断的思路、锻炼和培养故障诊断的关键与核心能力。通过故障分析的大量训练,可养成职业习惯,培养分析能力,提高诊断水平。

【课堂演练】

请绘制以下故障案例的思维导图与诊断流程图。
(1)汽车喇叭不响。
(2)前照灯不亮。
(3)散热器电风扇不转。

3. 汽车故障诊断与排除的一般流程

对一辆汽车进行故障诊断与排除的完整流程,一般包括以下环节。

1)确认故障

(1)接车——摸清历史。

接车时,应通过询问客户(或服务顾问),查清接修车辆故障产生的前因后果,之前是否有相关维修历史,是否到其他修理厂维修过该故障。通过询问,有可能会找到故障产生的相关原因,提高诊断效率。

（2）试车——验证故障。

接车后，应首先对车辆故障进行验证，检验与客户描述的故障现象是否一致。如不一致，应及时向客户（或服务顾问）反馈。

2）故障分析

验证故障无误后，应对故障进行故障原因分析，然后确定诊断流程。此时，应绘制故障树和诊断流程图。在实际工作中，技术人员一般通过相互讨论或独自思考完成该工作。

3）作业准备

具体作业之前，应先准备好诊断中需要用到的设备、工量具及应有的安全防护装置。实际工作中，每个维修小组都会配置一套常用的作业设备，专用工具则需要临时到库房借用。

4）诊断排除

诊断与排除过程应按照前面定好的诊断流程图来进行。一般可分为三步来实施。

（1）初查——简单排查，扫清外围。

通过直观诊断法，对系统进行简单排查，通过目测、耳听、鼻闻、手摸等方式，对系统进行检查，也可通过使用一些简单工具仪器，对系统外围容易检查的部位进行测试，排除简单的故障点。

（2）彻查——深入检测，找出根源。

如果经过初步检查后，仍未找到故障点，则应通过各种诊断设备，对系统进行深入检测，经过分析判断，最终找到故障点。

（3）修复——排除故障，恢复性能。

找到故障点后，通过更换或修复相关零部件，最终排除故障。

5）复检交车

通过试车，检查故障是否完全修复，车辆性能是否恢复完好。

对工作场地进行整理恢复，注意5S管理。

将车辆交给客户（或服务顾问）。

6）反馈总结

通过客户反馈意见，对诊断过程进行自我评价，并不断总结经验，以提高自己的诊断水平。

4. 汽车故障诊断注意事项

1）理清条理，科学诊断

（1）切忌盲目拆装与测试。

诊断故障前，要先熟悉故障系统的基本结构和工作原理，对于重要系统（如电控系统），若无厂家维修手册与电路图，最好不要轻易动手。

故障判断要有充分的依据，动手前要先进行故障分析，要有清晰的诊断思路，要尽量避免拆卸零件，更不要乱拆、乱接、乱试，胡猜乱碰，这样不但排除不了故障，反而有可能造成新的故障。

（2）遵循合理诊断顺序。

在排除故障时，应逐步深入、分层推进，遵循先易后难、由外到内、由直观到复杂的合理诊断顺序。有些故障与汽车及各总成的工作原理没有任何关系，主要根据经验来判断，特别是长期维修某一车型的技术人员,有时只听故障现象介绍就可以准确判断故障部位及原因。因此,在进行故障判断时,不要总往复杂方面想。

电控系统发生故障时,一般应先检查线路是否正常,如导线接触是否不良等故障,然后再检测电控元件是否异常。不要轻易怀疑是电控系统元件(特别是 ECU)故障,因为电控系统工作可靠,出现故障的可能性很小。

2)规范作业,确保安全

(1)确保作业安全。

在故障诊断中,应确保安全作业,如:检测电子零部件时,插头的插拔应尽量在点火开关处于关闭的状态下进行;蓄电池的拆装要注意正负极的先后顺序,并严禁正负极接反;安全气囊系统在检测时要注意断电保护;自动变速器失速试验时要注意加速踏板踩到底的时间不能太长等。

(2)注意装配标记及方向。

对于配合件,在拆卸时要注意装配记号及安装方向。若原来没有或看不清装配记号,就应重新做标记。安装时一定要按记号装配。

(3)规范螺栓拆装。

拆装螺栓时,应分次、交叉、对称、均匀地进行,并按规定力矩拧紧,以免零件变形或结合不牢。装配完毕后,有锁销的应锁紧。

(4)切忌粗暴拆装。

对一些插拔件,如线束插头(图1-3)、空调管路插头、燃油管路插头,其接头都有锁销保护,在拆卸时,应找到锁销并解除锁止,然后才能拆开。切忌粗暴拆装,造成接头的人为损坏。

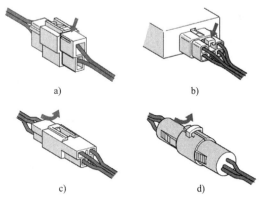

图1-3 线束插头

(5)注意5S管理。

拆装作业完毕后,应及时清点并整理好作业过程中所使用的工具、仪器、擦布等,并清洁、整理工作场地,切实做好5S。

四、汽车故障诊断常用仪器与设备

在汽车故障诊断与排除过程中,必须熟悉各种工具设备的使用与操作,才能提高诊断的速度与精度。汽车故障诊断设备包括零部件检测量具、发动机故障诊断设备、底盘故障诊断设备和电控系统故障诊断设备。

1. 汽车零部件常用检测量具

汽车零部件常用检测量具有塞尺、游标卡尺、千分尺及百分表等。

1）塞尺

塞尺又称为厚薄规或间隙片，它由一组具有不同厚度的标准钢质测片组成，如图1-4所示。将塞尺插入缝隙中，可以用来检验相配合表面之间的间隙大小，若与其他量具配合使用，可以用来检验零件相关表面的形状和位置误差。

图1-4 塞尺

塞尺规格有0.02～1.00mm和0.05～1.00mm等多种，可根据需要进行选用。

测量时，为了提高测量精度，应尽量选用较少的塞尺数量，一般不超过三片。塞尺在测量部位中应感觉有虚蹭而无松旷现象。不允许将塞尺剧烈弯曲，也不允许用力插进测量部位。塞尺上不能有污垢和金属屑，否则，会影响其精确性。

2）游标卡尺

游标卡尺是用来测量零件的外廓尺寸、内径尺寸和深度的一种量具。它主要由尺身和游标组成，如图1-5所示。游标卡尺按测量范围的不同可分为125mm、150mm、200mm、300mm和500mm等几种，按读数精度的不同可分为0.1mm、0.05mm、0.02mm三种。

游标卡尺的读数方法如图1-6所示。读数时，目光与尺身平齐，保证尺身照明充足。先读出游标"0"刻线左边在尺身上可以读出的整数尺寸（图1-6中箭头所指为5mm），余下的尺寸再读游标与尺身完全对齐的刻线（图1-6中为游标上"4"后的第三根刻线与尺身刻线对齐）。游标上的数字4即表示0.4mm，因为游标卡尺的精度为0.02mm，第三根刻度线对齐，即0.02×3=0.06mm，则余下的尺寸为0.4mm+0.06mm，即游标读数为0.46mm。此时，全部测量值为(5+0.46)mm=5.46mm。

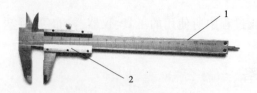

图1-5 游标卡尺的结构形状
1-尺身；2-游标

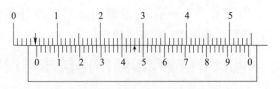

图1-6 游标卡尺的读数举例

3）千分尺

千分尺分为外径千分尺和内径千分尺两种,其测量精度可达0.01mm。每种千分尺只有25mm的量程,按测量范围的不同,千分尺可分为0~25mm、25~50mm、50~75mm、75~100mm及100~125mm等多种,应根据测量对象的大小来选择合适量程的千分尺。

外径千分尺可用来测量零件的外径、长度及宽度等尺寸,其结构如图1-7所示。

测量前,先擦净被测零件的测量面,用标准长度杆检查、校对千分尺(将微分筒6的前端面与固定套筒7上的"0"刻线对齐,且微分筒上的"0"刻线还应与固定套筒上的基线对准)。测量时,将千分尺放正,转动微分筒6,待测微螺杆3接近工件时,停止转动微分筒,开始转动棘轮4,直到棘轮发出打滑响声为止,此时即可读数。读数时,先读固定套筒7上的数值(单位为mm),再看微分筒6上与固定套筒的基线对准的数值(单位为mm/100),最后将这两个数值相加,就得到测量数值。图1-8所示为外径千分尺的读数举例,图1-8a)所示读数为28.810mm,图1-8b)所示读数为28.211mm。

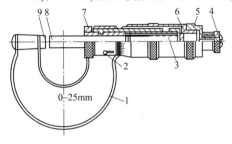

图1-7　外径千分尺的结构

1-尺架；2-锁紧装置；3-测微螺杆；4-棘轮；5-螺母；
6-微分筒；7-固定套筒；8-量杆；9-量柱

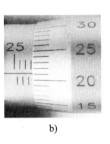

图1-8　外径千分尺读数举例

4）百分表

百分表不能直接测量零件的尺寸,只能测得相对值,常用于零件的形状误差、径向和端面圆跳动、平行度及垂直度等的测量,其分度值为0.01mm。图1-9所示为百分表的结构,它主要由测杆1、短指针4、长指针5及表壳7等组成。

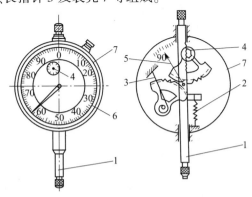

图1-9　百分表的结构

1-测杆；2、3-复位弹簧；4-短指针；5-长指针；6-活动表盘；7-表壳

百分表根据测杆的移动行程可分为0~3mm、0~5mm和0~10mm等类型。短指针每转一格表示1mm,长指针每转一格表示0.01mm。

测量时，先检查指针复位是否正常，再在测量的间距内或表面上使测杆1预压缩1～2mm（短指针转动1～2格）以消除测杆的游隙和预留测量所需要的余量，然后转动活动表盘（刻有100等分小格），使长指针对准该表面上的零刻线，即可进行测量。

5）内径百分表

内径百分表是由百分表、表架和一套不同长度的可换接杆组成的，它是用相对测量法测量孔径的。

内径百分表按测量范围可分为10～18mm、18～35mm、35～50mm和50～160mm四种。汽车修理中，测量汽缸直径的量缸表是测量范围为50～160mm的内径百分表，其结构如图1-10所示。

用量缸表测量汽缸直径时，应根据所测汽缸直径尺寸，装上该量程的接杆并用标定过的外径千分尺校对。

注意：对于量具的使用，应注意操作的规范性。一般应先进行清洁、校零，然后再进行测量、读数。

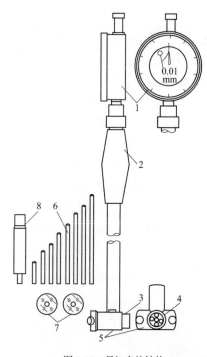

图1-10 量缸表的结构

1-百分表；2-表杆；3-接杆座；4-活动测杆；
5-支撑架；6-接杆；7-固定螺母；8-加长接杆

2. 汽车发动机故障诊断常用设备

汽车发动机故障诊断常用设备有发动机汽缸压力表、真空表、发动机尾气分析仪、发动机喷油器清洗检测仪、燃油压力表，还有点火正时灯、电子听诊器、汽缸漏气量检测仪、曲轴箱窜气量检测仪等。

1）汽缸密封性检测设备

汽缸密封性检测设备有发动机汽缸压力表、真空表、汽缸漏气量检测仪、曲轴箱窜气量检测仪。在汽车故障诊断中，发动机汽缸压力表、真空表一般使用较多。

（1）发动机汽缸压力表。

发动机汽缸压力表用于检测汽缸压缩压力，根据测试结果可以判断汽缸衬垫及汽缸体与缸盖之间的密封状况、活塞环与缸壁配合状况以及燃烧室内积炭是否过多等有关汽缸的技术状况。常用汽缸压力表外形如图1-11所示。汽缸压力表上内圈的读数单位一般为psi，外圈的读数单位一般为kg/cm^2，压强常见单位换算公式为$1bar=1.02kg/cm^2=102kPa=14.5psi$。

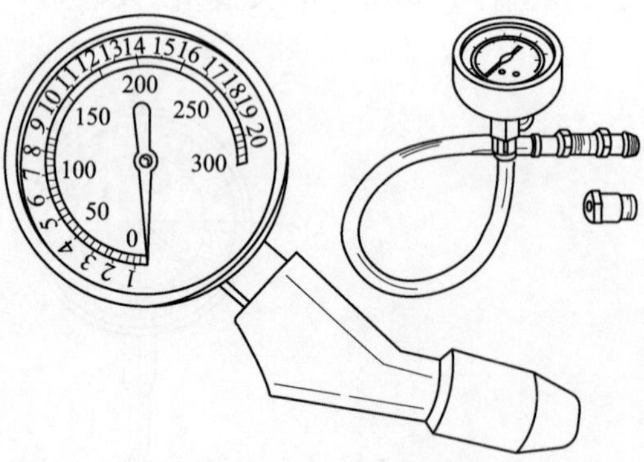

汽油发动机汽缸压力一般为0.6～1.2MPa。

（2）真空表。

真空表用于检测汽油发动机进气歧管的真空度，通过测量进气歧管真空度及其变化状

图1-11 发动机汽缸压力表

单元一　汽车故障诊断基础

况,可以判断发动机密封性能的好坏、空燃比的好坏和点火性能的好坏,可以诊断汽缸密封性、进气管泄漏、配气机构密封性、排气管阻塞以及气门机构失调、混合气的稀或浓、点火时间和点火性能等诸多方面的故障。真空表外形如图1-12所示。

图1-12　真空表

发动机怠速时进气歧管真空度一般为57～71kPa(428～534mmHg)。

2) 发动机尾气分析仪

发动机废气分析仪主要用于测量汽车发动机排气中的多种气体含量。这类仪器还可用于检查空燃比,检测催化转换器性能,检查燃油反馈系统及进、排气管泄漏等故障,帮助分析并排除发动机电控燃油喷射系统的故障,确保车辆污染排放指标正常。

根据检测气体种类不同,发动机废气分析仪有二气体、四气体和五气体分析仪,五气体分析仪可检测尾气中HC、CO、CO_2、O_2、NO的含量。常用的尾气分析仪有南华NHA505、奔腾BF-5801、佛分FGA-4100型等。图1-13a)所示为佛分FGA-4100型尾气分析仪的外观,图1-13b)所示为某车辆在发动机怠速时的检测数据。

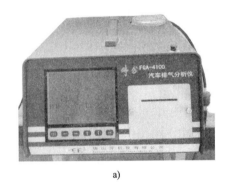
a)

b)

图1-13　佛分FGA-4100型尾气分析仪

3) 发动机喷油器清洗检测仪

发动机喷油器清洗检测仪适用于汽油发动机喷油器的清洗,也可用于喷油器工作性能的检测。

图1-14　喷油器清洗检测仪

发动机喷油器清洗检测仪(图1-14)一般是利用超声波的冲击和振荡,来溶解和排除喷油器内的胶质物,并清理喷油嘴的积污,而且能够对喷油器进行反向清洗(即与喷油方向相反),使清洗更彻底,且操作方便。发动机喷油器清洗检测仪还具有喷油器测试功能,能模拟发动机运转过程,测试发动机转速、喷油器开启时间、脉冲数供给、喷油器电阻或喷油模式、喷油器电压和供油压力等。

4) 燃油压力表

发动机燃油压力表可检测发动机供油系统的压力是否正常。不同的发动机,其燃油管路接头有所不同。

17

因此在燃油压力表工具箱中一般配置了各种油管接头,使用时可根据需要进行选择,如图 1-15 所示。

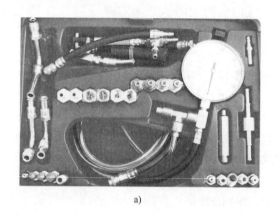

a)　　　　　　　　　　　　　　b)

图 1-15　燃油压力表

3. 汽车底盘故障诊断常用设备

汽车底盘故障诊断常用设备有四轮定位仪、轮胎平衡机,还有底盘测功机、底盘间隙检测仪、制动试验台、侧滑试验台等检测设备。

1) 四轮定位仪

四轮定位仪用于测量车轮的各项定位参数,判断车轮定位的准确性,同时还可检验出车轮定位部件的故障。现用四轮定位仪一般可存储大量流行车型的车轮定位参数的标准值和车轮定位调整方法。车轮定位技术状态判断方便,调整操作容易。

2) 轮胎平衡机

轮胎平衡机可对各种类型的汽车车轮进行平衡调试,通过精密测试和准确调校,可以使车轮获得动态和静态下准确的平衡。轮胎平衡机如图 1-16 所示。

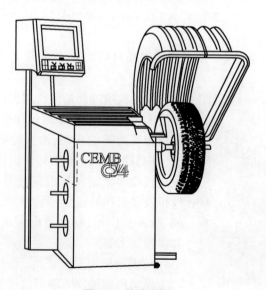

图 1-16　轮胎平衡机

4.汽车电控系统故障诊断常用设备

汽车电控系统故障诊断常用设备有万用表、示波器、故障诊断仪,还有跨接线、测试灯等。

1)万用表

万用表有指针式、数字式。数字式万用表由于具有检测精度高、测量范围广、抗干扰能力强、输入阻抗高等特点,在汽车维修行业中得到了广泛的应用。图1-17所示为汽车专用万用表FLUKE17B+。

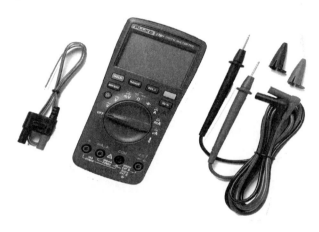

图1-17 汽车专用万用表

2)示波器

示波器可用于测试汽车电控系统各种传感器、执行器的工作波形,以便进行直观的分析判断。还可测试蓄电池、传感器、ECM等各元件的端子电压,点火分缸线、各种传感器、继电器等各元件的电阻,熔断丝、导线、制动灯开关等各元件的通断,并使用相应探头测试温度和电流等参数。

很多汽车故障诊断仪中包含了示波器功能,常见汽车示波器有红盒子MT2400、福禄克FLUKE98、金德KT600、元征ADC2000等。示波器KT600如图1-18所示。

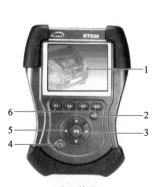

a)主机外观

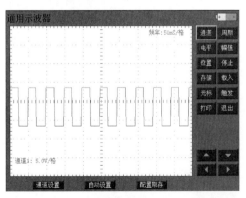

b)波形显示界面

图1-18 汽车示波器KT600

1-显示屏;2-ESC按键;3-OK按键;4-电源键;5-方向键;6-多功能辅助键

3)故障诊断仪

故障诊断仪(也称为汽车解码器或电脑检测仪)可分为通用型和专用型两种。

（1）通用型。

通用型故障诊断仪可以对多种车型进行检测与诊断,常见的有美国 Snap-on 公司的 Scanner(俗称红盒子)、美国 IAE 公司的 OTC 等。我国企业也推出了通用型汽车故障诊断仪,如修车王、金德 KT600、金奔腾等。

（2）专用型。

专用型故障诊断仪是为各汽车厂家生产的专用测试设备,它除了具备读码、解码、数据扫描等功能外,还具有传感器输入信号和执行器输出信号的参数修正、计算机控制系统参数调整以及系统匹配和标定、防盗密码设定等专业功能。专用型故障诊断仪的类型较多,如丰田 IT-Ⅱ/GTS、大众 VAG1552/VAS6150、通用 TECH2/MDI、宝马 GT-I/ISID、本田 PGM/HDS 等。图 1-19 所示为大众专用故障诊断仪 VAS6150。

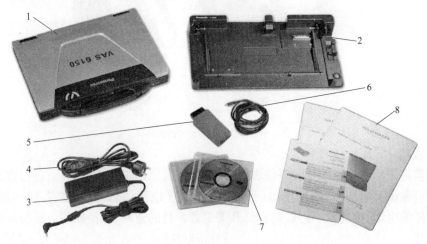

图 1-19 故障诊断仪 VAS6150

1-VAS6150(诊断电脑);2-VAS6150 扩展坞;3-VAS6150 电源适配器;4-电源线;5-诊断接头 VAS5054 或 VAS6154;6-VAS5054 的 USB 连接线;7-电脑的系统 CD;8-纸质文档(各种使用手册)

单元二　汽车发动机故障诊断

发动机故障诊断与排除是汽车维修作业中的一项重要内容,本单元安排了六个项目,即发动机缸压过低故障诊断、发动机过热故障诊断、发动机机油消耗过多故障诊断、发动机不能起动故障诊断、发动机怠速不良故障诊断、发动机油耗过高故障诊断。通过这六个项目的学习和训练,可掌握发动机的常见故障诊断与排除方法。

项目 2.1　发动机缸压过低故障诊断

发动机缸压过低是汽车发动机的常见故障之一,通过本项目的训练,可学习汽车曲柄连杆机构与配气机构常见故障的诊断与排除方法。

通过本项目的学习,应达到以下目标:
(1)掌握发动机汽缸压缩压力过低故障的故障原因。
(2)熟悉发动机汽缸压缩压力过低故障的诊断流程。
(3)了解发动机汽缸压力过高、发动机异响故障的故障原因。
(4)能够按规范对发动机汽缸压力过低故障进行诊断与排除。
(5)能按照 5S 要求,对工具、场地进行整理。

一、任务描述

客户来 4S 店报修车辆存在行驶无力现象。经过技师初步检查,发现车辆存在发动机怠速不稳,不易发动甚至不能发动,机油和燃油消耗增加,尾气排放超标;测量汽缸压力,测量值低于允许极限。初步确认车辆存在发动机缸压过低故障。

为排除该故障,技师应完成以下内容:
(1)熟悉曲柄连杆机构与配气机构的相关知识。
(2)在实车上对发动机汽缸压缩压力进行检测。
(3)在实车上对发动机汽缸压缩压力过低故障进行诊断与排除。

二、故障原因分析

1. 基本知识

发动机曲柄连杆机构与配气机构是发动机的基础构件,其组成如图 2-1 所示。

发动机曲柄连杆机构由汽缸体与曲轴箱组、活塞连杆组和曲轴飞轮组组成。汽缸体与曲轴箱组主要包括_____、汽缸套、_____、汽缸盖衬垫等机件;活塞连杆组主要包括_____、活塞环、活塞销、_____和连杆轴承等机件;曲轴飞轮组主要包括_____、曲轴轴承、_____和扭转减振器等机件。

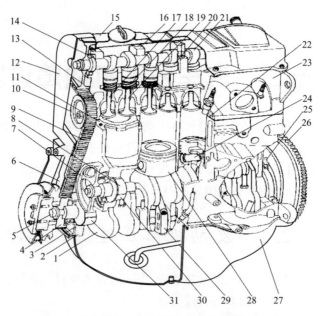

图2-1 发动机曲柄连杆机构与配气机构的组成示意图

1-曲轴；2-曲轴轴承盖；3-曲轴前端封油挡板；4-曲轴正时齿轮；5-正时齿轮拧紧螺栓；6-正时齿轮下罩盖；7-中间轴正时齿轮；8-中间轴；9-正时齿带；10-偏心轮张紧机构；11-汽缸体；12-正时齿轮上罩盖；13-凸轮轴正时齿轮；14-凸轮轴前端油封；15-凸轮轴罩盖；16-凸轮轴轴承盖；17-排气门；18-气门弹簧；19-进气门；20-液压挺柱总成；21-凸轮轴；22-汽缸盖衬垫；23-汽缸盖；24-活塞销；25-曲轴后端封油挡板；26-飞轮齿环；27-油底壳；28-活塞；29-连杆总成；30-中间轴轴瓦；31-曲轴主轴瓦

汽缸体与曲轴箱组是发动机各机构和系统的安装基体，又是燃料系统、润滑系统和冷却系统的组成部分，由_____、汽缸盖衬垫、汽缸体内壁、活塞环和_____构成的燃烧室是发动机的心脏，热负荷和机械负荷大，其技术状况对发动机的各项性能都有影响。

发动机配气机构由气门组和气门传动组组成。气门组主要包括_____、_____、气门导管和气门弹簧；气门传动组则因气门、凸轮轴布置形式和曲轴与凸轮轴的传动方式不同有较大区别，一般包括_____、凸轮轴正时齿轮、挺柱和曲轴正时齿轮等基本机件。

曲柄连杆机构和配气机构的技术状况对发动机的各项性能都有影响，其常见故障为汽缸压力过低、汽缸压力过高和发动机异响。常见故障部位是燃烧室周围的密封部位零件（如汽缸、活塞、活塞环、气门、气门座、汽缸盖和衬垫）和曲轴、轴瓦等。

在汽车使用的过程中，发动机曲柄连杆机构与配气机构常见的故障点是汽缸密封性不良，从而导致发动机烧机油、汽缸压力过低、动力不足、急速发抖甚至无法起动等故障现象。

2. 汽缸压力过低原因分析

发动机汽缸压力过低的常见故障原因如下：

（1）空气滤清器过脏堵塞。

（2）汽缸、活塞环、活塞磨损过大导致密封不良。

（3）气门和气门座工作面磨损或烧蚀密封不良。

（4）汽缸衬垫损坏。

（5）汽缸、汽缸盖变形。

（6）气门间隙或配气正时不当。

根据上述故障点,得出图 2-2 所示的思维导图。

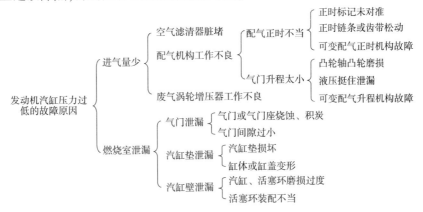

图 2-2　发动机汽缸压力过低的故障原因

三、故障诊断与排除

汽缸压力过低故障诊断的方法有人工经验诊断法和仪器诊断法两种。

1. 人工经验诊断法

汽缸压力过低故障的人工经验诊断过程如图 2-3 所示,诊断过程应遵循先易后难、由表及里的原则。

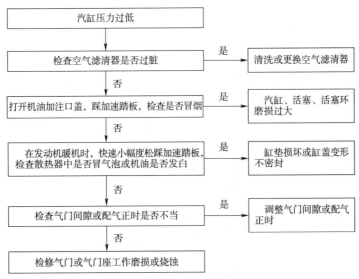

图 2-3　汽缸压力过低故障诊断流程

注意:若气门与气门座漏气严重,如气门杆顶弯等不能关闭,则可能出现回火、放炮现象。

人工经验诊断法适于故障现象较明显、故障程度较严重的故障诊断,为提高诊断精度和效率,应采用仪器诊断法。

2. 仪器诊断法

诊断汽缸压力过低故障的常用仪器有汽缸压力表和真空表。通过仪器检测,可以判断汽缸密封性能,找出汽缸压力过低的故障点。

汽缸密封性的评价指标主要有汽缸压缩压力、曲轴箱窜气量、汽缸漏气量(汽缸漏气率)、进气歧管真空度等,汽缸压缩压力和进气歧管真空度的检测是就车检测汽缸密封性较简单有效的方法,因此,在汽车故障诊断中得到了广泛应用,下面分别对其进行介绍。

1)汽缸压缩压力的检测

通过检测活塞到达压缩终了上止点时汽缸内压缩压力的大小,可以表明汽缸密封性的好坏。汽缸压缩压力的检测可以通过汽缸压力表(简称"缸压表")、汽缸压缩压力检测仪或者发动机综合性能分析仪等设备来进行。由于汽缸压力表具有价格低廉、轻巧实用和检测方便等许多优点,因而在汽车维修企业中应用较广泛。

(1)检测方法。

使用汽缸压力表对汽油机进行汽缸压缩压力检测的方法如下:

①断火断油。拆下空气滤清器,切断点火和供油线路。

②拆除所有火花塞。用压缩空气吹净火花塞或喷油器周围的脏物,使用火花塞套筒拆除所有火花塞。

③装好汽缸压力表。如图2-4所示,将汽缸压力表的橡胶接头插在被测汽缸的火花塞孔内,扶正压紧或将螺纹接头拧紧。

④保持节气门全开。将节气门置于全开位置,保持进气管路畅通。

⑤起动起动机。用起动机转动曲轴3~5s(不少于四个压缩行程),待压力表指针指示值保持最大压力后停止转动。

⑥读数。取下汽缸压力表,记下读数,按下单向阀使压力表指针回零。

按上述方法依次测量其他各缸,每缸测量次数不少于两次,取平均值。

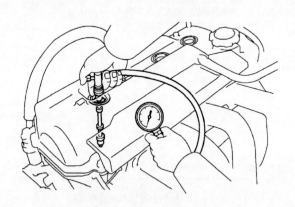

图2-4 汽缸压力的检测

检测前,发动机应运转至正常工作温度,应保证汽车蓄电池电量充足,以确保起动机转动曲轴的转速符合要求。

(2)诊断标准。

对于在用车检测,一般要求汽油机汽缸压缩压力下降值不得低于原厂标准值的30%,柴油机不得低于原厂标准值的20%。

【课堂演练】

查阅维修手册,找到下列相关诊断标准。

丰田卡罗拉1ZR-FE发动机汽缸压缩压力规定:标准值_____MPa,最小为_____MPa,各汽缸之间的差值不超过_____kPa。

(3)检测结果分析。

检测结果如高于原设计规定,并不一定是汽缸密封性好,要结合使用和维修情况进行分析。这种情况有可能是燃烧室内积炭过多、汽缸衬垫过薄或缸体与缸盖接合平面经过多次修理,加工过度造成的。

检测结果如低于原设计规定,可进一步进行以下检测:

①向汽缸压缩压力过低的汽缸火花塞孔内注入20~30mL机油,然后用汽缸压力表重测汽缸压缩压力并记录。

②如果重测的汽缸压缩压力比第一次高,接近于标准压力,则表明是由汽缸、活塞环、活塞磨损过大或活塞环对口、卡死、断裂及缸壁拉伤等造成的。

③如果重测的汽缸压缩压力与第一次相近,表明是由进、排气门或汽缸衬垫不密封等原因造成的。

④如果某相邻两缸两次检测的汽缸压缩压力都相当低,说明两缸相邻处的汽缸衬垫烧损窜气。

以上仅为对汽缸燃烧室不密封部位的故障分析或推断,为了准确地测出故障部位,可在测完汽缸压缩压力后,针对压力低的汽缸,采用如下简易方法:以汽油机为例,卸下空气滤清器,打开散热器盖和加机油口盖,用一条约3m长的胶管,一头接在压缩空气气源上,另一头通过锥形橡皮头插在火花塞孔内。摇转发动机曲轴,使被测汽缸活塞处于压缩终了上止点位置,然后将变速器挂入低挡,拉紧驻车制动,打开压缩空气开关,注意倾听漏气声。如在进气歧管口处听到漏气声,说明进气门不密封;如在排气消声器处听到漏气声,说明排气门不密封;如在散热器加水口处看到有气泡或听到出气声,说明汽缸衬垫不密封造成汽缸与水套沟通;如在相邻汽缸火花塞口处听到漏气声,说明汽缸衬垫在该两缸之间处烧损窜气;如在加机油口处听到漏气声,说明汽缸活塞配合副不密封。

2)进气歧管真空度的检测

发动机进气歧管真空度随汽缸密封性的变化而变化。因此,利用真空表检测汽油机进气歧管的真空度,可以表征汽缸的密封性。

(1)检测方法。

用真空表检测进气歧管真空度的方法如下:

①发动机应预热到正常工作温度。

②把真空表软管和进气歧管上的测压孔连接起来。

③使变速器处于空挡位置,发动机怠速运转。

④读取真空表上的读数。考虑到进气歧管真空度随海拔高度增加而降低,海拔每升高1000m,真空度将减少10kPa左右。因此,在测定真空度时,应根据所在海拔高度修正真空度

标准值,真空度单位用千帕(kPa)表示。

(2)诊断方法。

若测试结果为以下情况,则表明汽缸密封性正常:

①热车起动时,真空表数值应在 11~21kPa 之间。

②发动机怠速运转时,真空表数值应稳定地指在 57~71kPa 之间。

③发动机急加速或减速时,真空表数值应在 7~84kPa 之间摆动。

④发动机单缸断火时,真空表数值应跌落明显。

若测试结果为以下情况,则表明汽缸密封性异常:

①怠速时,若指针低于正常值,主要是活塞环、进气歧管漏气造成的,也可能与点火过迟或配气过迟有关。在此情况下,节气门若突然开启,指针会回落到 0;若节气门突然关闭,指针也回跳不到 84kPa。

②怠速时,指针不时跌落 13kPa 左右,说明某进气门口处有结胶。

③怠速时,指针有规律地下跌某一数值,为某气门烧毁。

④怠速时,指针跌落 6kPa 左右,表示气门与气门座不密封。

⑤怠速时,指针很快地在 46~60kPa 之间摆动,升速时指针反而稳定,表示进气门杆与其导管磨损松旷。

⑥怠速时,指针在 33~74kPa 之间缓慢摆动,且随发动机转速升高摆动加剧,为气门弹簧弹力不足或汽缸衬垫泄漏。

进气歧管真空度的检测是一项综合性很强的检测,此处仅介绍了几种典型情况,但实际上能测的项目还有许多,而且检测时无须拆卸火花塞等机件。但是,进气歧管真空度的检测也有不足之处,它往往不能指出故障的确切部位。例如,真空表能指示出气门有故障,但不能指明是哪一个气门有故障,此情况最好是采用汽缸压力表来检测。

提示:汽缸压缩压力的检测属于基本技能,在实际汽车维修中经常使用,应熟练掌握其检测和分析方法。通过检测进气歧管真空度来进行故障诊断属于高级技能,学习中,可在不同工况下对进气歧管真空度的变化进行仔细观察。

四、案例剖析

1. 案例一 奥迪汽车发动机抖动

1)故障现象

有一辆 2013 年款奥迪 A6L(C7)汽车,配置 2.5L 发动机。车主反映,有时坐在车内会感觉车身轻微抖动。

2)故障诊断与排除

引起此故障的原因可能有:

(1)点火方面存在故障。

(2)燃油供给系统存在故障。

(3)进气系统有漏气现象。

(4)汽缸压力小于规定值。

首先观察发动机有轻微抖动,用故障诊断仪检测,发动机没有故障代码,读取数据流一切正常。

能引起发动机抖动的原因有很多,可以先用排除法。初步怀疑点火系统,拆下点火线圈发现没有问题,再拆下火花塞,没看到有漏电现象,但与新火花塞对比间隙明显过大。更换一组火花塞,起动发动机,依然抖动。检查点火线圈,拿一个火花塞插在点火线圈上,利用外部搭铁,起动发动机,可以直观地发现,跳火没有问题,再用同样方法检查其他缸的点火状况,也一切正常。说明点火系统没有问题。

接下来检查喷油器,由于此车属于缸内直喷,拆下来清洗比较复杂,所以直接换了六个新喷油器试车,装车后起动发动机,发动机仍然抖动。证明喷油器没问题。然后检查喷油器电路,测量喷油器到发动机控制单元的线路,一切正常。又用专用试灯检测发动机运转时喷油器的工作状况,可以直观地看到各缸的闪烁频率都一样,证明喷油器也正常。

用清洗剂对着进气道有胶圈的地方喷,同时观察发动机的工作情况,当喷到进气道与汽缸盖连接处时,发动机明显抖动得厉害,由此可以判断应该是进气道的接口胶圈损坏导致发动机漏气才产生了这种现象。拆下进气道,发现胶圈损坏,更换胶圈,安装进气道,起动发动机,发动机运转平稳。

当发动机工作到正常温度,发动机又开始抖动,这是什么问题?冷车正常,热车抖动?又试了两次发现,仍旧如此,而且车越热发动机抖动就越明显。用故障诊断仪检测发动机热车与冷车的数据,没有发现问题,那么问题到底是出在哪里了呢?

接下来测量了一遍冷车的缸压,此车的正常缸压为 1450~2100kPa,磨损极限下为 1400kPa,汽缸之间的最大差值为 300kPa。实际检测结果为缸压 1800kPa 左右,由此可以说明冷车时缸压也没有问题。又检查了一遍热车时的缸压,热车时 2 缸的缸压为 1200kPa,明显不够。

这时车主反映,这辆车曾经撞过,缸体漏了,是后焊的,坏的地方正好就是 2 缸。问题有可能就是 2 缸缸筒轻微变形导致的,冷车时缸筒和活塞的间隙都正常,热车后燃烧室的温度高,缸筒膨胀,变形明显,从而导致活塞和缸筒超出了规定间隙,缸压偏低,所以车辆产生抖动。

更换 2 缸缸筒,故障彻底排除。

3)案例点评

(1)第一步应进行问诊。通过与车主充分沟通,查明车辆的维修历史,这样可以更快找到问题的关键。

(2)接到维修车辆后,先分析故障原因,然后按照先易后难、由内及外的基本原则,按排除法进行排故,这样的思路是对的。

(3)对于发动机抖动的故障,应先进行断缸试验,以确定是否存在缺缸现象,这样可以避免走该案例中的弯路。

(4)如果故障现象与发动机温度有关,就应该考虑到热胀冷缩现象对发动机工作的影响。

2. 案例二 福特蒙迪欧汽车发动机无法起动

1)故障现象

一辆行驶里程为 20000km,搭载 2.0L GTDI 发动机的福特蒙迪欧致胜汽车在正常行驶中,发动机突然熄火之后无法起动。

2) 故障诊断与排除

首先,发动机正常起动必须的条件有:

(1) 电:火花塞电极间放电能量要足够。

(2) 油气:汽缸内要有适当混合气。

(3) 缸压:汽缸压力要够。

对车辆进行基本检查,发现燃油充足;起动机带动发动机运转有力;灯光、喇叭工作正常;点火开关打开时能听到油泵运转。

读取故障代码,故障诊断仪显示故障代码:燃油油道压力低,燃油计量阀间歇故障。确定高压电正常后,拆开火花塞发现各火花塞均无油渍,确定喷油嘴喷油较少或不喷油。结合故障代码的提示,进行油压测试,发现低压侧在起动时能达到 3.8bar❶,正常。对高压油泵进行检查,高压油泵无故障。检查喷油器及驱动电路,发现喷油器电阻正常,电源与控制线路正常,但起动发动机时无喷油控制信号。对喷油器进行元件测试,有动作,说明喷油器及线路正常,问题在于发动机电控单元没有发出控制命令。由于没有传感器故障代码,但有高压电,故对曲轴位置传感器等主控信号传感器进行测量,均正常。

此时怀疑发动机电控单元故障,但是考虑到发动机电控单元不会轻易损坏,故进一步对其他方面进行检测。

检测缸压,发现所有汽缸压力均为 8bar 左右,而该发动机的标准缸压为 12bar。因行驶里程不长且各汽缸压力都偏低,因此,判断问题可能出在配气机构。

打开气门室盖,经过认真检查,发现进气侧的可变气门正时机构执行器堵头丢失,导致配气相位发生变化,致使发动机进气不足,缸压偏低,从而造成发动机无法正常起动。

更换进气凸轮轴可变气门正时机构执行器,故障彻底排除。

3) 案例点评

(1) 在读取故障代码时,应先清除历史故障代码,然后再读取故障代码,否则,可能会被历史故障代码误导。

(2) 诊断过程中,如果检测发现油路、点火均正常,则应该是汽缸压力问题。

(3) 如果所有汽缸压缩压力均过低,则可能是空气滤清器脏堵或配气正时故障。而如果是突发故障,则基本可以排除空气滤清器问题,应重点检查配气正时故障。

五、知识拓展

1. 汽缸压力过高

若汽缸压力测量值超过原厂规定标准值,则为汽缸压力过高。

一般发动机汽缸压力过高的原因主要是燃烧室内积炭过多,导致燃烧室容积减小,其检修方法是清除燃烧室内的积炭。刚大修后的发动机汽缸压力过高的原因主要是汽缸衬垫过薄或汽缸盖因加工过度,厚度太薄,导致燃烧室容积太小,其排除方法是更换汽缸衬垫或汽缸盖。

---

❶ 1bar = 10^5 Pa。

2. 发动机异响

曲柄连杆机构异响包括主轴承响、连杆轴承响、活塞敲缸响、活塞销响等，配气机构异响包括气门脚响、液力挺柱响、气门挺杆响、凸轮轴响、正时链条响等。

1）故障现象

发动机工作时有不正常响声，有时还伴有发动机动力性、经济性和排放性能的下降及机油压力的降低。

2）故障原因

曲柄连杆机构与配气机构异响的基本原因是配合副间隙过大或配合面有损伤，发动机工作过程中相配合的零件间有冲击，导致零部件振动，产生声波而传播。

异响声音的音量(响亮程度)和音调(主频率的高低和频率分布)与发动机工作中零件间相互冲击的剧烈程度、零件的材料及发生的部位(内外)有关。由于曲柄连杆机构与配气机构中配合副类型多、数量多，零件材料品种也多；工作中的受力方式各不相同；另外，即使是同一对配合副发生异响，其引起冲击的主要原因也可能不同。

曲柄连杆机构与配气机构异响的主要类型、故障现象、常见原因见表2-1。

曲柄连杆机构与配气机构异响的主要类型、故障现象、常见原因 表2-1

类型	部位	故障现象	辅助诊断措施	故障原因
主轴承响	汽缸体下部靠近曲轴分开处	稳定运转不响，转速突然变化时，发出低沉连续的"喳喳"声，转速越高，声响越大，有负荷时，声响明显	单缸断火，声响无明显变化，相邻两缸断火时声响明显减弱，但不一定消失，观察机油压力是否变化	①主轴承盖的固定螺栓松动；②主轴承减磨合金烧蚀或脱落；③主轴承和轴颈磨损过度，或轴向推力装置磨损过度，造成径向和轴向间隙过大；④曲轴弯曲；⑤机油压力或机油黏度太低
连杆轴承响	机油加注口处	转速突然变化时，有明显连续"当当"声(比主轴承响要轻、清、短)，急速较小，中速较明显，转速越高，声响越大，有负荷时，声响明显	单缸断火，声响明显减弱或消失，观察机油压力有无变化	①连杆轴承盖的紧固螺栓松动；②连杆轴承合金烧蚀、脱落；③连杆轴承与轴颈的磨损量过大，或径向间隙过大；④机油压力过低或机油黏度太低
活塞敲缸响	汽缸上部或机油加注口处	通常急速时较明显清晰，并有节奏的"吭吭"声；转速升高时减小甚至消失，一般温度低时声响明显，温度升高时，声响明显减弱或消失	单缸断火，声响减弱或消失，机油加注口处是否冒烟，排气管有无蓝烟，可疑汽缸加少量机油，声响减弱或消失	①活塞裙部与汽缸壁间隙过大；②活塞销与连杆衬套装配过紧；③连杆弯曲变形
活塞销响	汽缸上部或机油加注口处	急速时或略高于急速时有较清晰、明显并有节奏的"嗒嗒"声响；转速变化响声也周期性变化，加速时声响明显，温度升高，响声不减，甚至更明显。点火过早响声明显	单缸断火，声响减弱或消失，在复火瞬间声响特别清晰，将点火时间略提早一点，声响更加明显	①活塞销与销座或衬套配合松旷；②活塞销润滑不良；③活塞两端销环脱落使销窜动

续上表

类型	部位	故障现象	辅助诊断措施	故障原因
气门脚响	气门室附近	急速时发出有节奏的"哆哆"声,转速升高声响也升高;单缸断火,声响不变	急速时用手提起挺柱或插入塞尺,若声响减弱或消失,即为该气门间隙过大	①气门间隙过大;②凸轮磨损,挺杆、挺柱跳动;③气门杆与导管磨损松旷
液力挺柱响	气门室附近	有节奏的"嗒嗒"声,急速时明显,转速升高,声响减弱直至消失	拆检	①机油压力低;②液力挺柱油道有空气;③液力挺柱失效
气门挺柱响	气门室附近	有节奏的间响、清脆的"嗒嗒"声,急速时明显,中速时减弱或消失,断火及温度变化与之无关	用铁丝钩住可疑挺柱,若声响消失或减弱,即为该挺柱故障	①挺柱与孔配合松旷;②挺柱端部磨损起沟槽;③挺柱不能自由转动
凸轮轴响	缸体侧或气门室附近	中速时,可听到有节奏而较钝的"嗒嗒"声,高速时消失;单缸断火,声响不变	拆检	①凸轮轴及轴承配合松旷;②凸轮轴弯曲变形;③凸轮轴轴向间隙过大
正时链条响	汽缸前部	声音清脆,急速或低速时较明显,并随转速的升高而增大,响声与温度无关	压紧张紧器,声响减弱	①链条过松;②链条和链轮磨损;③张紧器严重磨损

3) 故障诊断

曲柄连杆机构与配气机构异响的诊断方法有仪器诊断法和人工经验诊断法两种。利用仪器实现异响的快速、准确诊断一直是人们追求的目标,但现有异响诊断仪器尚难满足实际诊断需要。因此,异响诊断仍靠人工经验诊断法。

由表2-1可知,各种异响与发动机的转速、温度、负荷和润滑条件等有关,并具有各自的特点和规律。诊断时,诊断人员可综合响声的易听清晰部位、固有特征(音调),改变发动机的转速、温度、负荷和润滑条件时响声的变化情况,并结合自身的知识与经验,对故障部位和原因作出判断。一般来说,发动机上部异响,一般是气门机构故障;中部异响,一般是活塞连杆故障;下部异响,一般是曲轴故障。由于异响现象的模糊性,它是汽车故障诊断中的难点,诊断人员必须经过大量诊断实践才能提高诊断水平。

为提高诊断的准确性和速度,必须了解发动机的转速、温度、负荷和润滑条件对异响的影响关系:

(1)转速。一般情况下,转速越高,机械异响越强烈。尽管如此,在高转速时各种响声混杂一起,听诊某些异响反而不易辨清。所以,诊断转速不一定是高速,要具体异响具体对待。如听诊气门响和活塞敲缸响时,在急速下或低速下就能听得非常明显;当主轴承响、连杆轴承响和活塞销响较为严重时,在急速和低速下也能听到。总之,诊断异响应在响声最明显的转速下进行,并尽量在低转速下进行,以减少不必要的噪声和损耗。

(2)温度。有些异响与发动机温度有关,而有些异响与发动机温度无关或关系不大。在机械异响诊断中,对于热胀系数大的配合副,要特别注意发动机的热状况,最典型的例子是铝活塞敲缸。在发动机冷起动后,该响声非常明显,然而一旦暖机,响声即消失或减弱。所以,诊断该响声应在发动机低温下进行。热胀系数小的配合副所产生的异响,如曲轴主轴承响、连杆轴承响、气门响等,发动机温度的变化对异响的影响不大,因而对诊断温度无特别要求。

(3)负荷。许多异响与发动机的负荷有关,如曲轴主轴承响、连杆轴承响和活塞敲缸响等,均随负荷增大而增强,随负荷减小而减弱。但是,也有些异响与负荷无关,如气门响、凸轮轴轴承响等,负荷变化时异响并不变化。

(4)润滑条件。不论什么机械异响,当润滑条件不佳时,异响一般都显得严重。有些异响本身会引起润滑条件的恶化,如较严重的曲轴主轴承响和连杆轴承响常伴有机油压力降低。

项目2.2 发动机过热故障诊断

发动机过热是汽车发动机的常见故障之一,通过本项目的训练,可学习发动机冷却系统常见故障的诊断与排除方法。

通过本项目的学习,应达到以下目标:
(1)掌握发动机过热故障的故障原因。
(2)熟悉发动机过热故障的诊断流程。
(3)了解发动机过冷、冷却液消耗过多故障的故障原因及诊断方法。
(4)能够按规范对发动机过热故障进行诊断与排除。
(5)能按照5S要求,对工具、场地进行整理。

一、任务描述

客户来4S店报修车辆有时候存在"开锅"现象。经过技师检查,发现汽车运行中,冷却液温度表指针经常指在100℃以上,且散热器伴随有"开锅"现象。初步确认车辆存在发动机过热故障。

为了排除该故障,技师应完成以下内容:
(1)熟悉发动机冷却系统的相关知识。
(2)在实车上对发动机冷却系统进行检测。
(3)在实车上对发动机过热故障进行诊断与排除。
(4)完成并填写学习工单的相关项目。

二、故障原因分析

1.基本认识

冷却系统主要由_____、_____、_____、散热风扇、分水管、水套、冷却液温度传感器、冷却液温度表等组成。根据散热风扇驱动方式不同可分为机械风扇式冷却系统和电动风扇式冷却系统,现代轿车广泛采用电动风扇式冷却系统,其电动风扇由发动机 ECU 控制。常见电动风扇式冷却系统组成如图 2-5 所示。

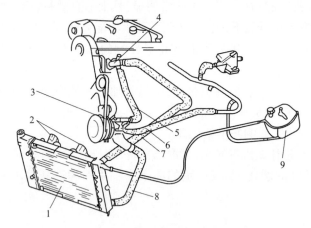

图 2-5 冷却系统的基本组成

1-散热器;2-散热风扇;3-水泵;4-缸盖出水处;5-旁通水管;6-暖气回水管;7-散热器进水管;8-散热器出水管;9-膨胀水箱

当发动机冷却液温度较低时,节温器关闭,冷却液不流经散热器,只在发动机缸体与缸盖之间循环流动,形成小循环;当发动机冷却液温度达到规定值时,节温器打开,冷却液从缸盖流出后,进入散热器,然后回到缸体,再流向缸盖,从而形成大循环。

发动机的工作温度主要取决于冷却液的温度。在使用过程中,冷却系统的技术状况会逐渐变坏,如果冷却系统使用、维修不当,将导致冷却液温度过高或过低,这不仅影响发动机的功率、油耗和磨损,甚至会引起活塞与汽缸咬住、汽缸盖破裂等严重事故。

冷却系统的常见故障为发动机过热、过冷、冷却液消耗过多等。

冷却系统常见故障部位为散热风扇、冷却液温度传感器、水泵、散热器和节温器。

2. 发动机过热原因分析

发动机过热主要由于发动机工作不良,产生过多热量或者冷却系统散热不良造成,具体故障原因如下:

(1)点火时刻不当。
(2)混合气过稀或过浓。
(3)燃烧室内积炭过多。
(4)汽缸垫破裂。
(5)冷却液不足或防冻液比例不当。
(6)水泵工作性能不良。
(7)节温器主阀门不能打开或打开时间过迟。
(8)水套或分水管积垢或堵塞。
(9)散热器的进水管或出水管凹瘪。
(10)散热器内部水垢堵塞或外部过脏。
(11)散热风扇性能不良。
(12)冷却液温度传感器或控制电路失效。

单元二　汽车发动机故障诊断

【课堂演练】

根据上述故障点，完成图2-6所示的思维导图。

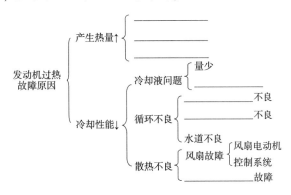

图2-6　发动机过热故障原因

三、故障诊断与排除

由冷却系统工作不良造成的发动机过热故障诊断的基本思路如下：

(1)检查冷却液。查看冷却液液面高度是否正常，查看冷却液质量是否正常、防冻液比例是否正常。

(2)检查散热风扇。查看风扇是否转动、是否起动过迟、是否转速太低。

(3)检查散热器。检查散热器外部是否清洁、损坏，内部是否积垢、堵塞。

(4)检查节温器。检查节温器工作是否正常，大循环、小循环工作是否正常。

(5)检查水泵。检查水泵工作是否正常，泵水能力是否正常。

(6)检查其他方面。检查发动机内部水道是否正常，发动机点火系统是否正常，混合气浓度是否正常。

发动机过热故障诊断流程如图2-7所示。

四、案例剖析

1. 案例一　奥迪A8L汽车发动机冷却液温度过高

1)故障现象

一辆2013年款奥迪A8L汽车，搭载4.0T发动机，累计行驶里程约为20.6万km。车主反映，车辆行驶过程中组合仪表偶尔会提示发动机冷却液温度过高。

2)故障诊断

接车后试车，原地踩下加速踏板，将发动机转速控制在2500r/min，3min后组合仪表提示发动机冷却液温度过高，且发动机冷却液温度表(柱状)指示为130℃。

用故障检测仪检测，发动机控制单元内无故障代码存储。读取故障出现时的发动机数据流，发现散热器出口的发动机冷却液温度为96℃，汽缸盖处的发动机冷却液温度为126℃；将发动机熄火再重新接通点火开关，汽缸盖处的发动机冷却液温度很快降至96℃左右。更换节温器后试车,故障仍存在。仔细分析故障现象,感觉发动机冷却系统像是被截流了,发动机冷却液只在发动机内部进行循环。

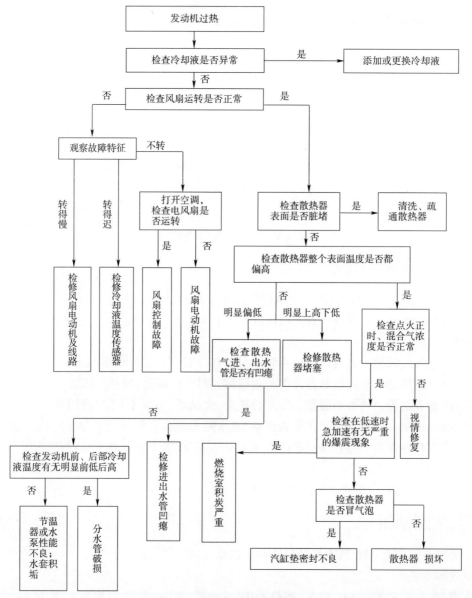

图 2-7 发动机过热故障诊断流程

查看维修资料得知,该款发动机配备创新型热量管理系统,发动机冷却液循环由冷却液停流切换阀(图 2-8)控制,切换阀使用的是一个球阀,如果这个球阀关闭,冷却液流动就被中断,这时,冷却液停滞在发动机内,使发动机机油温度迅速升高,这就缩短了摩擦损失的持续时间。在每次起动发动机后,如果发动机冷却液温度低于 80℃,冷却液停流切换阀就会让冷却液停流。冷却液停流切换阀用凸缘安装在减振器和空气进气装置之间的缸体上,它与冷却液泵和缸体之间的压力侧冷却液管合为一体,该阀通过一个真空单元以气动方式来操控,真空由真空泵提供,且由缸盖冷却液阀(N489)控制。

a)球阀关闭　　　　　　　　b)球阀打开

图 2-8　冷却液停流切换阀

1-缸盖冷却液阀(N489);2-真空单元;3-球阀

用故障检测仪对 N489 进行元件测试,阀内部有工作声音;脱开 N489 导线连接器(理论上相当于断电,真空切断,冷却液停流切换阀球阀打开)后试车,故障依旧;脱开 N489 至冷却液停流切换阀上的真空管后试车,故障消失,且散热器出口的发动机冷却液温度和汽缸盖处的发动机冷却液温度均控制在 95℃左右。诊断至此,推断 N489 内部阀门卡在了开启位置,只要发动机运转,机械真空泵生成真空,冷却液停流切换阀的球阀由真空控制为关闭状态,则发动机冷却液温度迅速升高,引发故障,而发动机熄火后,真空不再生成,则球阀因失去真空力为打开状态,高温、低温冷却液相融合,则发动机冷却液温度快速下降至正常状态。

3)故障排除

更换 N489 后试车,发动机冷却液温度不再异常升高,故障排除。

2. 案例二　别克君越汽车发动机冷却液温度过高

1)故障现象

一辆 2007 年款别克君越汽车,搭载 2.4L 发动机,累计行驶里程约为 10 万 km,据客户反映,发动机怠速运转时,接通空调开关,一段时间后,仪表盘上发动机冷却液温度超出正常值,同时发动机故障灯点亮。

2)故障诊断

接车后试车验证故障现象,仪表盘上发动机故障灯常亮,冷却液温度明显偏高,立即将发动机熄火。连接故障检测仪,读取故障代码,发动机控制单元内存储有故障代码 P0480(图 2-9),其含义为冷却风扇 1 继电器控制电路故障。打开发动机舱盖,发现左侧的冷却风扇不工作,右侧的冷却风扇高速运转。

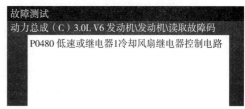

图 2-9　读取的故障代码

根据上述故障现象并结合故障代码的提示,初步认为冷却液温度过高是左侧的冷却风扇不工作所导致,判断故障的可能原因有冷却风扇故障、发动机控制单元故障及相关线路故障等。查阅冷却风扇控制电路(图 2-10),首先检查冷却风扇 1 熔断丝,没有发现熔断丝熔断和接触不良的现象。起动发动机,检查冷却风扇 1 继电器 1 和冷却风扇 1 继电器 2,两个继电器均没有吸合,怀疑继电器有故障,更换继电器,并清除故障代码后试车,故障依旧。待冷却液温度完全冷却后,维修人员轻轻拨动左侧的冷却风扇叶片,发现冷却风扇转动自如,无卡滞现象;直接外接电源给该冷却风扇供电,冷却风扇运转正常,排除冷却风扇存在故障的可能。

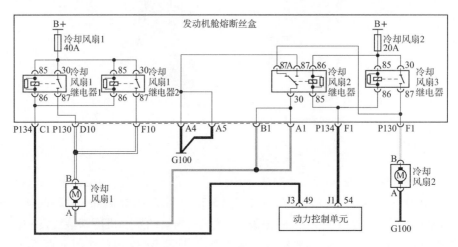

图2-10 冷却风扇控制电路

接下来重点检查冷却风扇的控制线路,依次脱开发动机控制单元上的3个导线连接器,发现导线连接器J3表面有一层油脂物存在。由冷却风扇控制电路可知,发动机控制单元导线连接器J3端子49与两个冷却风扇1继电器座端子86相通,怀疑这两个继电器不吸合是由导线连接器J3端子49接触不良造成的。于是,维修人员对导线连接器J3的端子进行彻底清洗,清洗完毕后,脱开发动机舱熔断丝盒导线连接器P134,测量导线连接器P134端子C1与导线连接器J3端子49间导线的导通性,导通良好。装复各导线连接器后试车,发现左侧的冷却风扇开始正常工作,发动机冷却液温度也恢复正常,将车辆交付给客户。

过了一天,客户再次将车辆开到修理厂,反映发动机冷却液温度还是偏高。维修人员打开发动机舱盖,左侧的冷却风扇依然不工作。打开发动机舱熔断丝盒,检查两个冷却风扇1继电器,仍不吸合。到底是什么原因造成的故障呢?由于故障的隐蔽性和特殊性,修理班组开始重视这个故障,决定对相关线路进行仔细排查。

拔下两个冷却风扇1继电器,用万用表依次测量两个冷却风扇1继电器座端子85、端子30与搭铁间的电压,均为蓄电池电压,正常;断开点火开关,脱开左侧冷却风扇导线连接器,依次测量两个冷却风扇1继电器座端子87与左侧冷却风扇导线连接器端子B间的电阻,均小于1Ω,正常;脱开发动机控制单元导线连接器J3,依次测量2个冷却风扇1继电器座端子86与导线连接器J3端子49间的电阻,均为175Ω,不正常。脱开发动机舱熔断丝盒导线连接器P134,对线路进行分段测量检查,测量两个冷却风扇1继电器座端子86与发动机舱熔断丝盒端子C1间的电阻,均为175Ω,不正常。拆下发动机舱熔断丝盒,再次测量上述端子间的电阻,电阻居然变小了,为75Ω。会不会是发动机舱熔断丝盒里面出了问题呢?于是换用新的熔断丝盒,测量两个冷却风扇1继电器座端子86与发动机舱熔断丝盒端子C1间的电阻,均为0.1Ω,说明该车发动机舱熔断丝盒确实存在问题。再次测量故障车发动机舱熔断丝盒的上述端子间的电阻,居然降到了0.5Ω。为了弄清楚问题究竟出在哪里,决定拆解故障车的发动机舱熔断丝盒,拆解后仔细观察,发现两个冷却风扇1继电器座端子86与发动机舱熔断丝盒端子 C1 间存在连接线,且连接线上一处 90°弯头部位的颜色与其他部位明显不同,用工具轻轻一拨,连接线上的弯头部位居然断开了(图 2-11)。诊断至此,分析是该弯头部位接触不良致使左侧的冷却风扇不工作,从而出现发动机温度过高的故障。

3)故障排除

更换发动机舱熔断丝盒后,长时间原地怠速运转,仪表盘上发动机冷却液温度显示正常。将车辆交付给客户,一周后电话回访客户,客户反映故障现象没有再现,故障彻底排除。

4)故障分析

在前一次的维修过程中,由于维修时间较长,发动机舱熔断丝盒里面的温度降低了,则故障部位能接触良好,而当发动机舱熔断丝盒内部温度慢慢升高后,故障部位的电阻开始逐渐增

图 2-11 连接线弯头部位断裂

大,从而造成线路接触不良,致使两个冷却风扇 1 继电器停止工作。由于冷却风扇 1 继电器的控制电流相对较小,不会造成该部位严重烧蚀,在故障排查过程中,维修人员很难直接找到故障点。因此,在汽车故障诊断中一定要保持细心的工作作风。

五、知识拓展

1.发动机过冷

1)故障现象

在冷却液温度表和冷却液温度传感器技术状况完好的情况下,汽车长时间行驶后(特别是在冬季),发动机仍达不到正常的工作温度。

2)故障原因

(1)节温器失效。节温器主阀门常开,保持在大循环状态。

(2)风扇常转或过早转动。冷却液温度传感器或控制器故障。

3)故障诊断

发动机过冷故障诊断思路如下:

(1)若节温器正常,则让发动机冷机起动,在升温过程中,观察冷却风扇工作情况。检查风扇是否常转或过早转动。

(2)检查节温器主阀门是否常开。如异常,可更换节温器。

2.冷却液消耗过多

1)故障现象

冷却液比正常情况下消耗多,液面高度下降过快,需经常添加冷却液。

2)故障原因

(1)冷却系统内部渗漏。如汽缸垫损坏、发动机水套渗漏、汽缸盖翘曲、缸盖螺栓松动等。

(2)冷却系统外部渗漏。如水泵渗漏、散热器水管破裂,接头渗漏等。

(3)散热器盖压力阀开启压力过低。这将导致散热器中的冷却液在高温时过多地回流到膨胀水箱,最终漏出外部。

3)故障诊断

发动机冷却液消耗过多故障诊断思路如下：

(1)检查冷却系统有无外部渗漏。通常通过目测检查外部有没有漏水的痕迹，确定有无外部渗漏。

(2)检查冷却系统有无内部渗漏。通过检查机油是否发白(乳化)或在发动机冷却液温度正常时排气是否冒白烟确定内部是否渗漏。此外，还可通过专用手动压力测试器来进行就车检测。

(3)检查散热器盖。若无内外渗漏，则让发动机冷机起动，在升温过程中，观察在冷却液温度表或警报灯指示冷却液温度正常的情况下散热器是否有蒸汽逸出，若有，则散热器盖压力阀有故障。同样也可使用专用手动压力测试器进行散热器盖的检查。如图2-12所示，将盖与测试器装在一起，用手推测试器，使压力升高，检查密封性能和阀的开启压力。

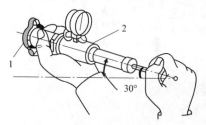

图2-12 散热器盖测试
1-散热器盖；2-专用手动压力测试器

项目2.3 发动机机油消耗过多故障诊断

发动机机油消耗过多是汽车发动机的常见故障之一，通过本项目的训练，可学习发动机润滑系统常见故障的诊断与排除方法。

通过本项目的学习，应达到以下目标：

(1)掌握发动机机油消耗过多故障的故障原因。
(2)熟悉发动机机油消耗过多故障的诊断流程。
(3)了解发动机机油压力过低、过高、机油变质过快故障的故障原因及诊断方法。
(4)能够按规范对发动机机油消耗过多故障进行诊断与排除。
(5)能按照5S要求，对工具、场地进行整理。

一、任务描述

客户来4S店报修车辆最近经常需要添加发动机机油。经过技师检查，机油消耗量超过规定值，排气冒蓝烟，汽缸内积炭增多。初步确认车辆存在发动机机油消耗过多故障。

为了排除该故障，技师应完成以下内容：

(1)熟悉发动机润滑系统的相关知识。
(2)在实车上对发动机机油压力进行检测。
(3)在实车上对发动机机油消耗过多故障进行诊断与排除。

二、故障原因分析

1. 基本认识

润滑系统的主要作用是对发动机进行_____、_____、_____、密封及防锈。润滑系统主要由机油滤网、_____、_____、机油标尺、油底壳、油道、机油压力表或警告灯、机油压力开关或传感器等组成。发动机润滑系统组成如图2-13所示，循环路线如图2-14所示。

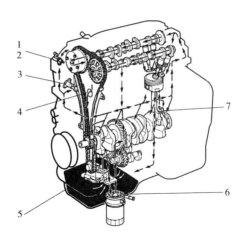

图 2-13　丰田凯美瑞 2AZ 发动机润滑系统循环油路图

1-凸轮轴正时；2-机油控制阀；3-链条张紧器；4-回油孔；5-机油泵；6-机油滤清器；7-活塞喷油孔

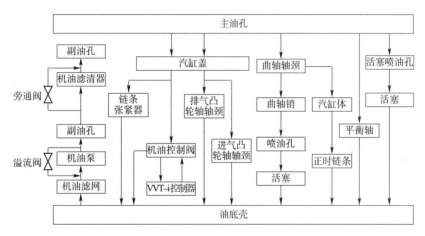

图 2-14　丰田凯美瑞 2AZ 发动机润滑系统循环油路图

发动机机油有不同的规格,一般采用美国工程师学会(SAE)黏度等级和美国石油学会(API)质量等级进行划分。目前我国轿车上常用的有 SAE 5W-30、10W-30、15W-40 等,SAE 等级选择可参考图 2-15。API 质量等级中,汽油机有 SG、SH、SJ、SL、SM 等,柴油机有 CF、CF-2、CF-4、CG-4、CH-4、CI-4 等。丰田卡罗拉发动机机油推荐的 SAE 黏度等级是 15W-40,API 等级为 SL。

润滑系统工作性能的好坏,直接影响到发动机的使用寿命。润滑系统常见故障有机油消耗过多、机油压力过低、机油压力过高、机油易变质等。

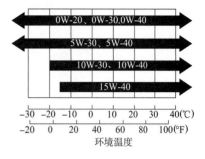

图 2-15　发动机机油黏度适用范围

润滑系统常见故障部位为机油泵、机油滤清器以及一些接合面。

机油消耗量可以用机油消耗率来评价,机油消耗率为规定时间内机油的消耗量(L)与同等时间内燃油消耗量(L)之比,测试的规定时间一般不低于 100 工作小时。《汽车发动机可靠性试验方法》(GB/T 19055—2003)中规定,额定转速、全负荷时,机油/燃油消耗比不得超过0.3%。在实际使用中,机油消耗量是否超标一般根据使用经验来确定,正常情况下在两次更换机油间隔时段内,机油液面高度不应有明显降低。维修企业一般采用称重法进行测定。

2. 机油消耗过多原因分析

机油消耗量过多故障具体原因如下:

(1) 活塞、活塞环与汽缸壁的间隙过大或活塞环与环槽的侧隙过大。
(2) 气门与气门导管间隙过大或气门油封失效。
(3) 发动机各部件密封表面漏油。
(4) 曲轴箱通风不良。
(5) 大修后扭曲环或锥面环装反,活塞环端口朝向未按规范装配。

根据上述故障点,可以画出故障原因分析的思维导图,如图2-16所示。

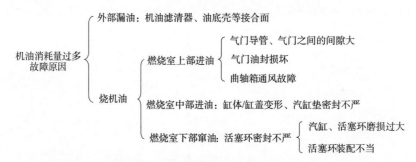

图2-16 机油消耗量过多故障原因分析

三、故障诊断与排除

机油消耗过多故障诊断流程如图2-17所示。

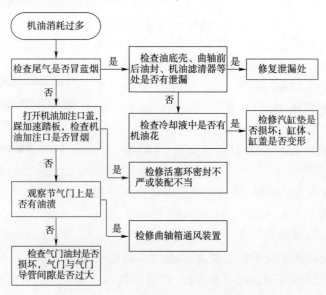

图2-17 机油消耗过多故障诊断流程图

四、案例剖析

1. 案例一　宝马汽车 N46 发动机烧机油

1）故障现象

一辆 2011 年出厂的宝马 320Li 轿车,配备 N46 发动机,行驶里程 6 万 km。用户反映该车怠速起步时排气管冒蓝烟且伴有刺激性气味,而且每行驶 1000km 就会消耗大约 1L 的机油。

2）故障诊断

经过试车发现,该车发动机运行平稳,动力充足,车况以及各方面性能均正常,唯独在怠速起步时排气管冒蓝烟,并且有刺激性气味。检查仪表盘,起动后并无故障指示灯点亮,随后连接故障诊断仪对车辆进行检测,未发现相关故障代码,读取数据流也未见异常。

根据维修经验并查阅相关资料得知,装配在宝马 3 系和 5 系部分车型上的 N46 型发动机,普遍存在内部密封元件密封不严导致发动机烧机油的现象。其故障大多为发动机配气机构中的气门油封随行驶里程的增加而老化,失去弹性并造成密封不良,致使气门室盖内的机油顺气门导管流入汽缸内燃烧,最终导致发动机在怠速起步等高负荷运行时出现烧机油、冒蓝烟等现象。

用专用工具对气门油封进行拆卸,拆下气门油封后,发现气门油封严重老化且已失去弹性,与新的油封进行对比,发现旧气门油封的孔径明显变大。可以确定,故障的产生就是由于气门油封老化,导致机油渗入燃烧室,从而产生燃烧机油现象。

将新气门油封进行短时间的浸油处理,随后安装复位,再依次对其他汽缸的气门油封进行更换。更换完成后,安装偏心轴总成,安装时需再次调整上止点位置,并且保证正时工具无位移现象,最后将剩余附件依次装上。

3）故障排除

更换气门油封后,起动试车,发动机运转平稳,尾气排放正常,无刺鼻味道及冒蓝烟现象,加速时动力充足,且气门室盖周边无机油溢出,故障排除。

4）故障分析

通过对该故障的诊断与排除,说明发动机故障的诊断,人工经验法非常重要。在平时工作中,应注重维修经验的积累,同时,应多收集整理他人的维修案例,并从中获取经验。

2. 案例二　奥迪 Q5 汽车发动机烧机油

1）故障现象

一辆奥迪 Q5 SUV 汽车,搭载 4 缸 2.0T 发动机,行驶里程 6 万 km,车主反映该车异常烧机油,大概每行驶 1000km 消耗 1.5L 以上机油。

2）故障诊断

为解决该车发动机烧机油问题,已经在当地 4S 店连续大修(发动机全部解体,并更换大修包)两次,间隔 3000km 左右。据车主反映,第一次大修镗过汽缸,第二次更换了气门导管,但第二次修理后只经过不到 2000km 便发觉烧机油现象比没修理之前还严重。

经过解体检查,发现问题非常严重,在第一次维修过程中针对烧机油问题就没有进行系统处理,也就是说根本没有采取有效的治理措施,活塞顶面积炭严重,并且活塞环烧结在一起。

拆卸后发现积炭严重,紧接着返工进行第二次处理,同样由于没有建立系统化概念,并在压装气门导管时操作工艺不当,造成气门导管内孔呈椭圆形,所以不但没有遏制烧机油问题,反而进一步加剧了烧机油现象,而且还发现了遗留的密封胶。在更换相关部件后,故障彻底排除。

3)故障分析

解决发动机烧机油问题,一定是一个系统化处理过程,将其称为系统工程一点也为之不过,而且在处理过程中不仅仅需要凭经验,更要依靠大量的物理、化学检测,数据分析(比如相关运动副间隙数据就达20余组)、工作系统分析。然后根据分析结果制定系统解决方案,关注数据的检测与分析,千万不要一知半解或者照葫芦画瓢地建立系统化维修概念,切记不要想当然。在汽车维修过程中,要注重经验,更要讲科学,这样才能把车修得又快又好。

五、知识拓展

1. 机油压力过低

1)故障现象

发动机在正常工作温度和转速下,机油压力表读数低于规定值或机油压力报警灯报警。

2)故障原因

发动机机油压力过低报警,其故障原因可能是由于电路方面的问题而导致,也可能是机油压力确实过低,具体故障原因如下:

(1)油底壳内机油液面过低。

(2)机油黏度降低。

(3)机油泵磨损间隙大。

(4)机油限压阀弹簧失效或调整不当。

(5)机油集滤器网堵塞。

(6)机油滤清器堵塞。

(7)润滑油道堵塞。

(8)润滑油油管接头漏油或进入空气。

(9)曲轴主轴承、连杆轴承或凸轮轴轴承间隙过大。

(10)机油压力表、警报灯异常。

(11)机油压力传感器、开关或线路异常。

(12)ECM故障。

【课堂演练】

根据上述故障点,可以画出故障原因分析的思维导图,如图2-18所示。

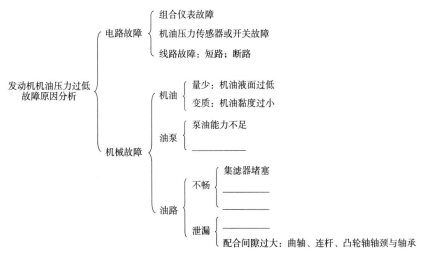

图 2-18　发动机机油压力过低故障原因分析

2. 故障诊断

机油压力过低故障诊断流程如图 2-19 所示。

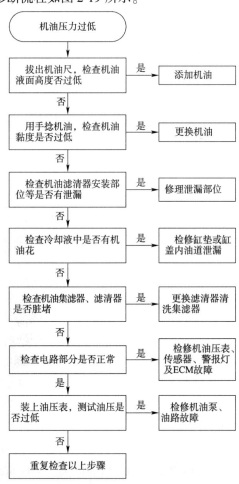

图 2-19　机油压力过低故障诊断流程

3. 机油压力过高

1）故障现象

发动机在正常工作温度和转速下，机油压力表读数高于规定值。

2）故障原因

(1) 电路故障，参见"机油压力过低"故障。

(2) 机油过多或黏度过大。

(3) 机油限压阀弹簧压力调整过大。

(4) 到机油限压阀的润滑油道堵塞。

3）故障诊断方法

机油压力过高故障诊断流程如图 2-20 所示。

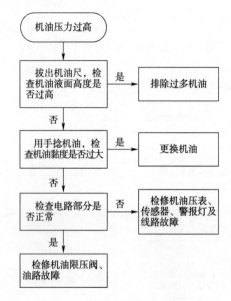

图 2-20　机油压力过高故障诊断流程

4. 机油易变质

1）故障现象

(1) 机油颜色变黑，黏度下降。

(2) 含有水分，机油乳化，乳浊状并有泡沫。

2）故障原因

(1) 活塞环漏气。

(2) 机油使用时间太长。

(3) 滤清器性能不良。

(4) 曲轴箱通风不良。

(5) 发动机缸体或缸垫漏水。

3）故障诊断

机油变质故障诊断主要是分析清楚机油变质的原因。一般可通过眼观、手捻和鼻嗅的人工经验诊断法来判断。

(1)用机油尺取几滴机油滴在中性纸上,若发黑,则说明机油使用时间过长而变质。
(2)用手捻搓,有滑腻感,说明机油内混有燃油。
(3)若取出的机油为乳浊状且有泡沫,说明机油中进水。
(4)若机油过脏,说明机油滤清器失效。
为精确分析机油变质原因,最好是用油质仪和滤纸斑点试验法进行机油品质检查。

项目2.4 发动机不能起动故障诊断

发动机不能起动是汽车发动机的常见故障之一,造成发动机不能起动的相关因素很多,点火系统是其中之一。通过本项目的训练,可学习汽车点火系统常见相关故障的诊断与排除方法。

通过本项目的学习,应达到以下目标:
(1)掌握点火系统造成的发动机不能起动故障的故障原因。
(2)熟悉点火系统造成的发动机不能起动故障的诊断流程。
(3)熟悉个别缸不点火故障的故障原因与诊断流程。
(4)能够按规范对由于点火系统造成的发动机不能起动故障进行诊断与排除。
(5)能按照5S要求,对工具、场地进行整理。

一、任务描述

客户致电4S店报修车辆不能起动,请求救援。经过技师检查,起动机带动曲轴运转速度正常,但发动机不能起动;火花塞湿润。初步确认发动机点火系统存在故障。

为了排除该故障,技师应完成以下内容:
(1)熟悉点火系统的相关知识。
(2)在实车上对点火系统进行部件及线路测试。
(3)在实车上对发动机不能起动故障进行诊断与排除。
(4)完成并填写学习工单的相关项目。

二、故障原因分析

1. 基本认识

点火系统是发动机的一个重要组成部分,目前都采用了电控点火系统。

电控点火系统也称为计算机控制点火系统,其组成如图2-21所示,主要包括曲轴位置传感器、凸轮轴位置传感器、爆震传感器等各种传感器、发动机ECU、点火器(也称点火模块)、点火线圈、火花塞和点火开关等。与以往点火系统相比,电控点火系统取消了传统的点火提前角调节装置,采用ECU来实现点火提前角的精确控制。

目前,车辆上基本都采用了单缸独立点火系统,如大众迈腾、丰田卡罗拉等轿车,其点火线圈与点火器集成在一起,形成点火线圈组件,如图2-22a)所示,其控制电路也很简单,如图2-22b)所示。

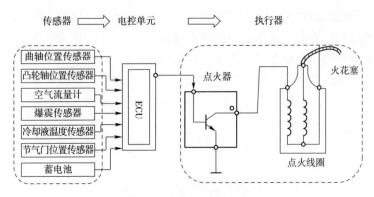

图 2-21 电控点火系统组成

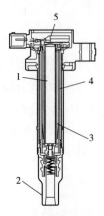

a) 点火线圈组件

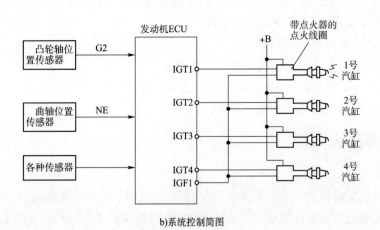

b) 系统控制简图

图 2-22 单缸独立点火系统
1-铁芯；2-火花塞帽；3-次级线圈；4-初级线圈；5-点火器

【课堂演练】

查阅一款较新车型的维修手册,画出其点火系统的电路简图。

若点火系统工作异常,将导致发动机动力不足、发动机怠速发抖、发动机起动困难甚至不能起动等故障。点火系统常见故障为无高压火或火弱、个别缸不点火等。

2. 发动机不能起动故障原因分析

由于点火系统故障造成的发动机不能起动,其根本原因是无高压火或火弱,具体故障原因如下:

(1) 熔断丝松动或熔断。

(2) 线路连接不良或搭铁。

(3) 曲轴位置传感器等传感器信号不良。

(4) 点火线圈断路、短路。

(5) 点火模块故障。

(6) 火花塞潮湿。

(7) ECU故障。

根据上述故障点,可以画出故障原因的思维导图,如图2-23所示。

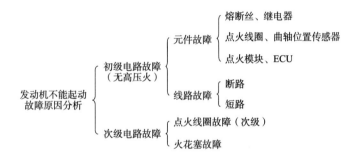

图2-23 发动机不能起动故障原因分析

三、故障诊断与排除

发动机不能起动故障诊断思路如下:

(1) 检查点火线圈能否产生高压电,以判断初级电路、点火线圈是否有问题。若不能产生高压电,则应检查点火信号及点火线圈是否正常。

(2) 如果没有点火信号,则需要进一步检查线路是否正常,相关传感器是否正常。

(3) 若能产生高压电,则继续检查配电部分及火花塞是否正常。

发动机不能起动故障诊断流程如图2-24所示。

四、案例剖析

1. 案例一 卡罗拉汽车发动机点火线圈损坏导致不能起动故障

1) 故障现象

一辆2011年款丰田卡罗拉汽车,行驶里程39800km,起动机能正常运转,但车辆不能起动。同时发动机故障灯点亮。

2) 故障诊断

使用故障诊断仪读取故障代码,发现出现了4个故障代码,见表2-2。

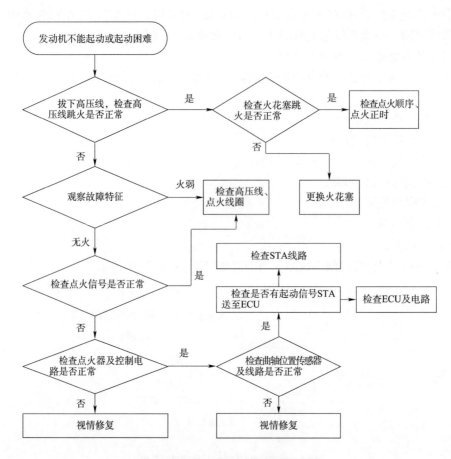

图 2-24 发动机不能起动故障诊断流程图

注：以上诊断流程图针对无分电器的电控点火系统，如果是无分电器又无分缸线的单缸独立点火系统，则可直接检查点火线圈组件控制电路的各个信号是否正常、曲轴位置传感器及电路是否正常。

故 障 代 码　　　　　　　　　　　　　　　　　表 2-2

故障代码	含 义	故障代码	含 义
P 0351	点火线圈"A"初/次级电路	P 0353	点火线圈"C"初/次级电路
P 0352	点火线圈"B"初/次级电路	P 0354	点火线圈"D"初/次级电路

丰田卡罗拉汽车点火系统电路图如图 2-25 所示，经分析可知，每一个点火线圈都有一个单独的信号线 IGT，而电源线 +B、反馈线 IGF、搭铁线 GND 均为公用的连接线。根据故障代码与电路图的分析，故障应该发生在点火线圈本身或者控制线束中。对于发生 4 个汽缸同时出现故障代码的情况，应首先从公共部分入手。

(1) 分别拔下 4 个点火线圈总成的连接插头，打开点火开关，使用万用表的电压挡检查点火线圈总成线束侧端子 1(+B) 与端子 4(GND) 之间的电压，结果显示 12V，正常。至此可排除点火线圈电源线控制电路的故障。

(2) 使用万用表电阻挡测量点火线圈总成端子 4(GND) 与车身搭铁之间的电阻，显示 <1Ω，也正常。

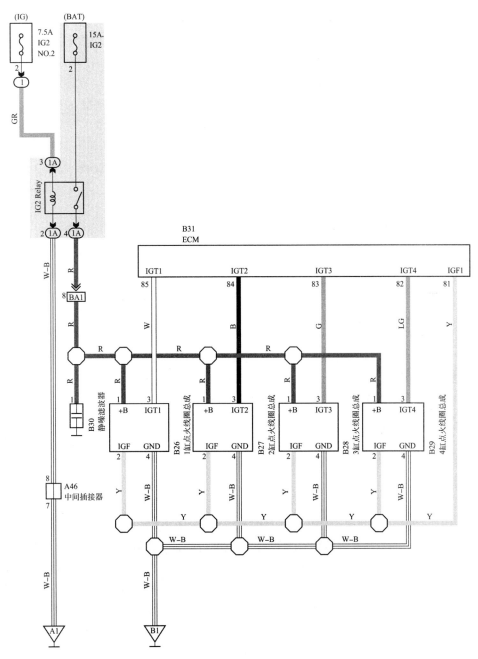

图 2-25 点火系统电路图

(3)拆下蓄电池负极连接线,断开电控单元 ECM 总成连接器,使用万用表电阻挡测量点火线圈总成插接器端子 2(IGF)与 ECU 插接器线束侧端子 B31-81 电阻,显示 <1Ω,也正常;测量 IGF 针脚与车身搭铁之间的电阻,显示无穷大,属正常范围,看来问题没有发生在公共部分,继续检查点火线圈总成插接器端子 3(IGT)与车身搭铁之间是否短路,结果无短路故障;验证各点火线圈 IGT 端子与 ECM 之间连接线的导通情况,都显示正常。既然线束没有出现断路故障,可能发生了短路故障。于是,开始分析短路故障可能的发生点。根据经验判

断,首先排除点火线圈总成插接器上1号端子(+B)与4号端子(GND)之间短路的可能,因为如果两者短路,IG2熔断丝会熔断,同时打开点火开关的时候,冷却风扇会运转,提示ECM电源故障,故障诊断仪也不能与ECM进行通信;接着,测量点火线圈插接器端子2与端子1(IGF与+B)、端子2与端子4(IGF与GND)之间的导通情况,并不存在短路情况,说明线束本身并无短路故障;接下来,重新接上其他3个点火线圈的连接线和ECM插接器,从1缸点火线圈总成开始,使用万用表通断挡依次检查插接器端子2与端子1(IGF与+B)、端子2与端子4(IGF与GND)之间的导通情况,发现端子2与搭铁之间导通,说明问题发生在除1缸点火线圈之外的其他3个点火线圈或ECM中,于是使用同样的方法依次检查2、3、4缸的点火线圈连接线,发现测试2缸点火线圈连接器时,各连接线正常,即2缸点火线圈损坏。

3)故障排除

单独拆下2缸点火线圈总成,起动发动机,发动机可以起动了,故障诊断仪只显示"P0352 点火线圈B初/次级电路"故障代码,证实故障确实发生在2缸点火线圈中。使用万用表检测2缸点火线圈总成上端子2与端子4之间电阻,显示<1Ω,说明点火线圈内部出现了线圈短路的故障。更换2缸点火线圈后,故障代码消失,车辆正常起动,故障排除成功。

4)故障分析

总结该故障的排除过程可知,对于同系列故障代码同时出现的情况,首先应检查公共部分,同时仔细阅读维修手册中关于DTC故障代码的描述和设置条件。

2. 案例二 卡罗拉发动机怠速发抖、动车不足故障

1)故障现象

有一辆2012年款一汽丰田卡罗拉1.6L GL轿车,行驶里程为9.8万km。车主反映,车辆怠速时发动机抖动,车辆在加速时感觉动力不足,发动机故障灯点亮。

2)故障诊断

接车后试车验证故障现象,正如车主描述的一样。用故障诊断仪读取故障代码,诊断仪显示故障为"P0301 检测到1号汽缸缺火"。查看数据流,也显示发动机1号汽缸缺火。

本着由简到繁的诊断原则,对上述可疑故障点进行排查。拆卸火花塞检查,发现火花塞电极积炭很多,电极表面潮湿并有较浓的汽油味道。初步怀疑该车使用的汽油品质不佳,导致出现此现象,因此更换了4个火花塞,并清洗了节气门体,重新装复后起动车辆检查,发动机工作正常,交车。几天后,车辆又返厂维修,故障现象依旧。凭着维修经验,怀疑点火线圈有故障,拆卸2缸的点火线圈与1缸的点火线圈调换。起动车辆后发现发动机发抖,故障灯点亮,使用故障诊断仪读码,故障码依然是P0301。接着拆卸2个汽缸的火花塞对调,故障依旧。

在调换部件排查无果的情况下着手对相关电路进行检查。通过查阅维修手册和电路图进行了以下步骤的检查。线路的检测主要包括线路的导通性,是否有断路与短路,插接器是否牢靠,各信号传递有无干扰等。

断开连接器,将点火开关打到ON位置,根据图2-25所示,测量1缸点火线圈连接器电源电压为12.26V,正常。

关闭点火开关,拆卸蓄电池负极电缆,断开点火线圈总成连接器,断开ECM连接器。分别测量IGT信号线和IGF反馈线的两端之间是否存在断路及对地之间是否存在短路情况。

经测量,点火信号 IGT 线、反馈信号 IGF 线的两端之间电阻均为 0.8Ω,对地之间电阻均为无穷大,测量数值均在标准范围内。因此,可排除相关的线路故障。

使用丰田专用解码仪 IT Ⅱ 对 1 缸读取 IGT1 和 IGF1 波形。连接仪器,起动发动机,在怠速状况下读取 IGT1 和 IGF1 波形,波形也与标准波形一致。

该故障,除出现故障代码 P0301 外,其他汽缸均工作正常。再次查阅维修手册,怀疑该故障现象可能是由汽缸压力不足引起的。重新连接好各连接器端子后,对汽缸压力进行检查。拔开点火线圈连接器,拆下点火线圈和火花塞。使用汽缸压力表测量各缸气压,发现 1 缸汽缸压力为 6.5bar,2 号、3 号和 4 号汽缸压力都大于 11bar。于是,怀疑发动机内部可能存在机械故障,导致汽缸压力不足的机械故障可能是气门密封不严、活塞环密封不严等。只有 6.5bar 的汽缸压力是很低的,汽缸内应该存在严重的密泄漏现象。使用做好标记的尺子对发动机活塞上止点位置进行检查对比,经检测发现 1 号汽缸活塞上止点位置比其他汽缸活塞上止点位置降低了约 7mm。再次对车辆状况做详细检查,打开空气滤芯,发现空气滤芯的纸已弯曲变形,怀疑这辆车有涉水的可能。与车主沟通了解后,车主反映,该车 1 个月前曾在乡镇低洼有积水的路面强行通过。判断是发动机吸入水到汽缸内,活塞在往上运动时,导致 1 缸活塞的连杆弯曲。

3)故障排除

基本确定了故障原因后,对发动机解体,发现 1 号活塞连杆严重弯曲,活塞和汽缸内壁严重拉伤。对发动机进行大修镗缸,镶缸套更换新活塞,按照发动大修工艺流程重新修复后,再次试车,故障排除。车辆交付使用后,跟踪咨询时也没有再次发生故障。

4)案例小结

丰田卡罗拉 1.6L GL 轿车的进气歧管结构使 1 缸进气口离空气滤芯的进气道最近,车辆在较深的涉水路面通过时,1 缸易把水和可燃混合气一同吸入汽缸内,由于水的不可压缩性,导致发动机连杆弯曲。连杆弯曲后,活塞与汽缸壁不在同一轴心上,造成拉缸磨损,使得 1 号汽缸密封性变差,汽缸压力不足导致燃烧效率下降,从而导致汽缸缺火。

发动机缺火时,发动机怠速抖动,加速无力。ECM 监测发动机缺火数超过阈值,点亮故障灯(MIL)进行提醒并储存 P0301 的故障代码。

在本案例中,故障分析的思路是正确的,但在故障排除的过程中对部分细节没有充分留意,导致未能快速找到故障点。因此,在排除故障时,要多与车主沟通,多注意导致故障产生的细节,结合车辆的实际情况进行合理分析并判断,从而更好地诊断汽车故障。

五、知识拓展

1. 个别缸不点火

1)故障现象

发动机运转不稳,在怠速下机体抖动;排气管冒黑烟或白烟,并发出有节奏的"突突"声或放炮声。

2)故障原因

个别缸不点火故障的具体原因如下:

(1)个别汽缸的火花塞绝缘体破裂、电极间隙不当、油污、积炭。

(2)个别汽缸点火高压线脱落或漏电。
(3)个别缸的点火线圈组件或其控制电路故障。

3)故障诊断

个别缸不点火故障诊断思路如下:
(1)采用断缸试验,找出工作不良的汽缸。
(2)检查不良缸的分缸线、火花塞是否正常。
(3)检测不良缸的点火线圈组件及其控制电路是否正常。

发动机个别缸不点火故障诊断流程如图2-26所示。

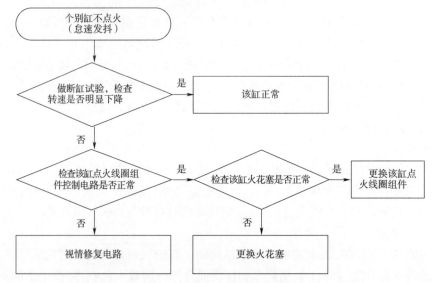

图2-26 个别缸不点火故障诊断流程图

注:以上流程图针对无分电器又无分缸线的单缸独立点火系统。

2. 点火错乱

1)故障现象

发动机起动困难,起动后工作不稳,伴有进气管回火,排气管放炮和爆燃等现象。

2)故障原因

点火错乱故障原因一般是维修时各缸高压线相对位置搞错所致。

3)故障诊断

诊断时,应仔细检查各缸高压线位置是否插错。

项目2.5 发动机怠速不良故障诊断

发动机怠速不良是汽车发动机的常见故障之一,通过本项目的训练,可学习汽车发动机电控系统常见故障的诊断与排除方法。

通过本项目的学习,应达到以下目标:
(1)熟悉发动机电控系统故障诊断的一般方法及注意事项。

(2)掌握发动机怠速不良故障的故障原因。

(3)熟悉发动机怠速不良故障的诊断流程图。

(4)熟悉发动机不能起动、动力不足、起动困难等故障的故障原因。

(5)了解发动机不能起动、动力不足、起动困难等故障的诊断流程。

(6)能够按规范对发动机怠速不良故障进行诊断与排除。

(7)能按照5S要求,对工具、场地进行整理。

一、任务描述

客户来4S店报修车辆存在车辆抖动现象,行驶中感觉动力不足。经过技师检查,运转中,发动机出现怠速偏低、抖动甚至熄火现象。初步确认车辆存在发动机怠速不良故障。

为了排除该故障,技师应完成以下内容:

(1)熟悉发动机电控系统的相关知识。

(2)在实车上对发动机电控系统进行性能测试。

(3)在实车上对发动机怠速不良故障进行诊断排除。

(4)完成并填写学习工单的相关项目。

二、故障原因分析

1. 基本认识

发动机电控系统是发动机工作的控制核心,随着汽车电控技术及网络技术的发展,发动机电控系统日益庞大复杂。

1)基本组成

发动机电控系统可分为空气供给系统、燃油供给系统、电控点火系统、发动机管理系统四大基本组成部分。

空气供给系统包括进气控制系统、排放控制系统。进气控制系统主要包括电子节气门控制系统、进气增压系统、可变气门配气系统等。排放控制系统主要包括燃油蒸发控制系统(EVAP)、二次空气喷射系统、三元催化转换器(TWC)、曲轴箱通风系统等。

燃油供给系统,也称电控燃油喷射系统,其功能主要包括喷油量控制、喷油时刻控制、燃油泵控制和断油控制。

电控点火系统,其功能主要包括点火时刻控制、点火能量控制和爆震控制。

所有子系统统一由发动机管理系统集中进行优化控制,发动机管理系统由传感器、执行器、电控单元三大部分组成,传感器、执行器散布在各个子系统中。发动机管理系统具有故障自诊断功能,电控单元不断地监测发动机传感器及执行器的电路,当发现故障时,会将故障信息以故障代码的形式储存在存储器里,同时点亮组合仪表上的故障指示灯进行警示。维修人员可以通过读取故障代码来为发动机故障诊断提供参考。

2)控制内容

发动机电控系统控制内容分为基本控制和辅助控制两大部分,如图2-27所示。

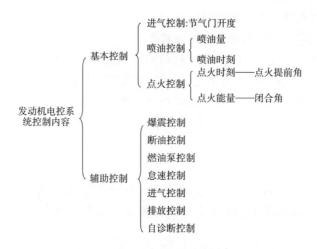

图2-27 发动机电控系统控制内容

3)基本原理

发动机电控系统的所有工作均由发动机管理系统集中进行统一控制,其控制框图如图2-28所示。各种传感器将驾驶员需求、车辆运行状况转化为电信号,并传送给发动机ECU。发动机ECU接收到各种传感器的信号后,对信号进行分析、处理,并与预先存储在ECU内的控制规律进行比较、判断,确定满足当前运转工况的最佳控制规律,最后发出适当的指令给相应执行器,对进气、喷油、点火进行控制,使发动机保持最佳工作状态。

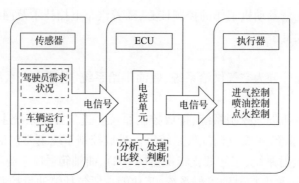

图2-28 发动机电控系统基本工作原理

4)常见故障

根据发动机的故障性质与现象特征,可以将发动机的常见故障分为发动机不能起动、发动机动力不足、发动机怠速不良(过低、过高、游车)、发动机起动困难(冷、热)、发动机过热、发动机进气管回火、发动机排气管放炮、发动机耗油量大等。

不同的故障,引发的原因也不尽相同,常见故障部位一般有熔断丝、继电器、相关电路、燃油泵、喷油器、火花塞、节气门体、氧传感器、冷却液温度传感器等。

5)基本方法

发动机电控系统故障诊断的基础是熟悉整个控制系统的组成与工作原理,熟悉每个组成元件的结构、工作原理及参数的变化对发动机性能的影响。同时,还要掌握故障诊断的思路与方法,从故障的现象入手,分析每一步检测的结果,最后检查出故障的具体部位。

在进行发动机电控系统故障诊断时,要紧紧抓住汽油发动机正常工作的三个基本要素:点火性能的好坏、混合气质(空燃比)与量的好坏、发动机汽缸密封性能的好坏。每个元件、部件或子系统发生故障,都是通过上述三个要素对发动机产生影响的。

在进行故障诊断时,一般应遵循以下顺序:

(1)确认现象。有些故障现象很明显,如在怠速时发动机存在工况突变或异响,有些故障现象比较隐蔽,比如踩下加速踏板时才能发现发动机转速能否正常提升,因此应在不同工况下对发动机进行全面测试,以期发现故障现象。

(2)代码优先。对于电控系统故障诊断,一般应先用故障诊断仪查看系统是否存在与故障现象相关的故障代码。如果有,应依据故障代码的指引,优先排除导致故障代码的相关故障点。

(3)基本检查。在进一步深入检查之前,应先对发动机进行简单的基本检查。打开发动机舱盖,检查是否有明显的漏油、漏气、真空泄漏、进气管路堵塞、排气管堵塞等现象,检查电气元件、蓄电池接头是否存在松动现象。如有,应视情修复后再进行下一步检查。

(4)先火后油。对发动机进行故障诊断时,一般可先检查点火系统工作是否正常,然后再对供油系统进行检查。

2.发动机怠速发抖故障原因分析

造成发动机怠速过低或发抖的根本原因是发动机输出动力不平衡或偏小,一般是缺缸、火弱、混合气不足或偏稀导致,如个别缸不工作或工作不良,节气门体过脏造成怠速进气量较少,怠速时混合气浓度不正常。

查阅资料,可以画出故障原因分析的思维导图,如图2-29所示。

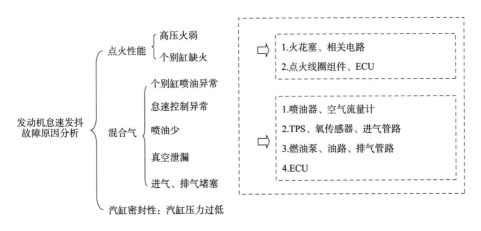

图2-29 发动机怠速发抖故障原因分析

注:图中虚框内容是对应的可能故障点,故障点发生概率按数字排序。

三、故障诊断与排除

发动机怠速发抖故障诊断流程如图2-30所示。

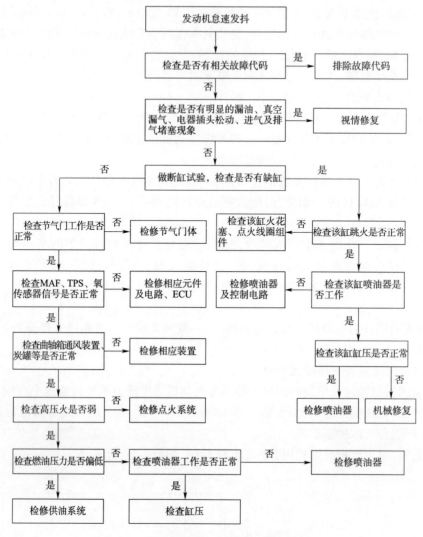

图2-30 发动机怠速发抖故障诊断流程图

注：如果不方便做断缸试验，也可以通过故障诊断仪查看缺火次数，来判断发动机是否存在缺缸故障。

四、案例剖析

1. 案例一 大众迈腾汽车发动机故障

1) 故障现象

一辆一汽大众新款迈腾2.0T(B7L)轿车，打开点火开关，仪表显示正常，但无法起动发动机，起动机不运转。

2) 故障诊断

(1) 起动机无法运转故障。

对于故障的情况，首先遥控解锁车辆，上车打开点火开关，转向盘可以正常转动。通过操作，发现仪表显示正常、灯光显示正常，再结合万用表测量蓄电池静态电压为13V左右，这些可以确定蓄电池电压正常以及车辆防盗系统已经解除。再操作一键起动开关，起动机不运转,发动机无法起动,但车内有继电器 J907 吸合的声音。

通过故障现象和一系列操作,可以将故障范围锁定在三个方面:

①起动机控制线路异常。

②起动机电源线路异常。

③起动机自身异常。

连接诊断仪 VAS6150,读取发动机系统故障代码,代码为 15281,其含义为"起动马达继电器,电路电气故障"。根据故障代码的形成机理,说明发动机起动时,发动机控制单元 J623 检测到 1 号起动机继电器 J906、2 号起动机继电器 J907 线圈(图 2-31)控制电路的电压从 +B 到 0V 的变化,但却检测不到反馈信号电路的电压 0V 到 +B 的变化,同时发动机也没有转动。通过检测结果,分析可能得故障原因为:

①继电器 J906 或 J907 及相关电路存在故障。

②SB22、SB23 及两者电路同时存在故障。

为了验证故障码,可借助 01 发动机控制单元中的起动相关数据组来予以判定。通过读取数据流,当点火开关从 ON 转到 ST 时,1 号起动继电器 J906 和 2 号起动继电器 J907 均从 00 变化到 01 为正常。但起动信号 50 线未从 01 变到 00,数据流异常可以验证故障代码为可靠。

结合以上数据,检测起动机 50 插头上端的 SB22 熔断丝的电压,结果为当点火开关从 ON 转到 ST 时,SB22 上下端对地电位均为 0V,可以判断 SB22 的供电异常。

通过测试结果,分析引起故障的原因,可能为 1 号或 2 号起动继电器及相关电路存在故障。

当点火开关从 ON 转到 ST 时,测量 J906 继电器 30、85、86、87 对搭铁电位,87 端对搭铁无电压,说明继电器损坏。进一步检测继电器线圈电阻为 990Ω,超出标准范围,说明继电器线圈故障,通过更换,故障排除。

(2)发动机无法起动故障。

通电后起动机可正常运转,发动机可以起动,但着车数秒后逐渐熄火,EPC 灯点亮,无其他故障。

分析故障现象,由于发动机是逐渐熄火的,说明故障现象与燃油停供或进排气堵塞有关。

读取发动机系统故障代码,代码为 15434,其含义为"1 缸喷射阀 2 电气故障"。分析数据流,当点火开关从 ON 转到 ST 时,燃油低压值为 1.024bar,燃油高压值为 3.9bar,均不正常。首先验证低压燃油供给系统,分析可能原因为:

①油箱燃油严重不足。

②油路堵塞。

③G6 自身及相关线路异常。

油表显示燃油箱液位正常,优先检查 G6 及供电搭铁(图 2-32)。

通过示波器检测 T5aw/1 与 T5aw/5 间的波形(图 2-33),G6 供电搭铁之间波形信号幅值严重变低,说明油泵供电电路存在异常。

进一步检测 J538 的输出信号,发现 J538 输出异常,检测 J538 的供电和搭铁,T5ax/3 对搭铁电位为 4.9V,不正常,导致 J538 供电不足无法正常工作。

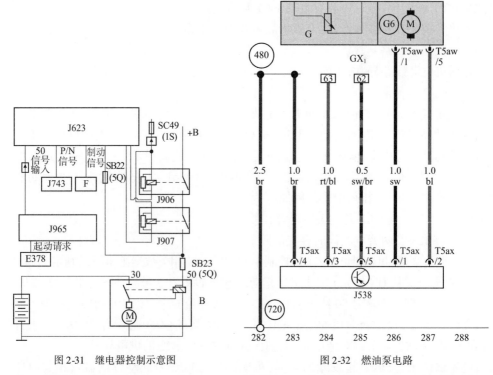

图 2-31　继电器控制示意图　　　　图 2-32　燃油泵电路

由于 J538 的熔断丝是 SB10,当起动时 SB10 的下端对搭铁电位有 6V 左右的压降,说明熔断丝损耗过大。进一步检测 SB10 电阻为 100Ω,说明熔断丝内部虚接,通过更换熔断丝,故障排除,可以顺利着车。

(3) 发动机运行不良故障。

车辆着车后,车辆抖动,EPC 灯常亮,并且抖动频率与发动机转速成正比,可以判断发动机缺缸的概率比较大。

连接诊断仪读取故障代码,显示为:

①15434:1 缸喷射阀 2 电气故障。

②26965:第 1 缸喷油器不可信信号。

③15125:汽缸 1 检测到不发火。

④15074:汽缸压缩比。

根据故障代码,说明发动机控制单元 J623 检测到 1 缸高、低压喷油器均工作异常,同时高低压喷油器同时故障会造成控制模块产生汽缸压缩比与不发火故障代码,因此首先排除两个喷油器不工作的故障。并且当发动机运转时 1 缸高低压喷油器均无声音,可以进一步确定是喷油器不工作。着车之后,从急速到加速踏板踩到底,用示波器检测高压喷油器 T8ck/1 与 T8ck/2 之间的波形(图 2-34),说明在规定的时间内,发动机控制模块无法打开喷油器。

进一步测量,J623 端 T105/64 输出对搭铁波形,发现喷油器正极电源线与喷油器连接器之间的信号波形存在电位差,说明电路确实存在虚接。线路经修复后,发动机运转平稳,故障排除。但低压喷油器 N532 的故障无法清除,说明低压喷油器及其控制电路存在故障。

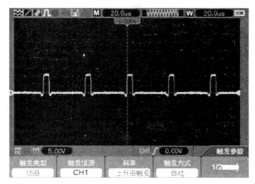
图 2-33　燃油泵控制波形

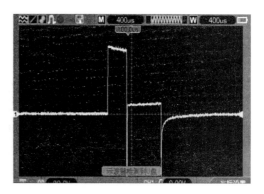
图 2-34　喷油器波形

通过测试喷油器 N532 的 T2rp/1 对搭铁电压,说明喷油器与发动机控制模块之间存在断路故障。进一步测试 T105/25 对搭铁电压,压差为蓄电池电压,说明该电路断路,修复电路后,故障代码可以消除。

由于该车存在双喷射,起动过程是高压喷射,45℃以下、怠速时为高压喷射,45℃以上为低压喷射,大负荷下为高压喷射。因为高低压喷油器均不工作,导致此车 1 缸缺缸,造成发动机怠速不稳。

3) 故障小结

至此,该车发动机系统总共 3 个方面的故障均诊断完毕。

首先是起动继电器 J906 故障导致起动机无法通电运转。其次是燃油泵控制器 J538 的供电熔断丝 SB10 故障,导致油泵无法正常工作以致无法起动发动机。最后是 1 缸高、低压喷油器线路故障。通过示波器和万用表测量电压及波形,确定具体出故障的线路,最终排除故障,发动机恢复正常。

在检测发动机电控系统故障时,更重要的是诊断思路和思维,不能盲目动手,而是应该在详细了解故障现象及出现的背景后,仔细分析故障可能的原因,不漏过任何可能性,再结合经验,以先易后难的顺序进行故障诊断排除,过程中注意采用合适的测量设备,尤其是故障诊断仪和示波器的运用,能起到事半功倍的效果。

2. 案例二　丰田卡罗拉发动机怠速抖动故障诊断

1) 故障现象

一辆丰田卡罗拉轿车 1.8L,发动机为 2ZR-FE,行驶 8.6 万 km。在冷车、热车怠速时都出现怠速抖动。车主称曾在维修厂清理了积炭和空气道,但效果没有好转。

2) 故障诊断

首先通过故障诊断仪进行检测,显示故障代码"P0300　有多缸缺火"和"P0301　1 缸没有点火"。接下来清除故障代码,仪器显示"系统正常"。运转发动机后,再次读取故障代码,显示故障代码 P0300 和 P0301,其含义是检测到发动机缺火,说明发动机在运行的过程中电脑检测到了个别缸有缺火现象,而这个缺火的汽缸就是 1 缸。

下一步对此车点火系统做检查,打火运转发动机,发现 1 缸的火花塞会出现有时无蓝色高压火花,说明 ECU 有点火信号输送,而 1 缸点火系统存在问题。带着疑问拔出 1 缸点火器连接器进行线路检查,经检查都符合标准值要求。用调换法进行测试,将1缸和3缸两者点火器互相调换,起动发动机怠速运转观察工作情况。发动着车,用故障诊断仪再读取故障代码,仪器显示P0300和P0303 3缸没有点火,说明1缸的点火器损坏。

更换新的点火器装到3缸上,再次进入发动机系统,清除故障代码,仪器显示"系统正常",起动发动机,经3min左右加速运转返回怠速时,感觉到车身还有振动,但没之前明显,故障依然存在。

再读故障代码,结果仪器显示"系统正常";没有故障代码,故障灯也没有亮,说明更换了新的点火器解决了点火问题,但发动机还是处于怠速抖动状态中。于是依次拔下各缸喷油器的线束插头,进行断缸试验,结果检测到1缸,拔出喷油器连接器时,发动机转速无明显下降,抖动程度无变化情况,说明该缸不工作或工作不良,应做进一步的检查。先用听诊器测听1缸喷油器工作声音和发动机转速之间的关系。此时,测听出第1缸喷油器工作声音很小。检测1缸电阻值时发现一个问题,丰田卡罗拉喷油器电阻值应为12~16Ω,现检测为8Ω左右,说明1缸喷油器有故障。

为了保证其他喷油器没有堵塞,拆下喷油器进行清洗。发现1缸喷油器头部积炭过多,用喷油器清洗机清洗后,依次控制连接各缸喷油器,检查喷雾质量和喷油量。经观察发现第1缸喷油量少,喷射角度在45°范围内,喷射油压过低,造成混合气过稀,使汽缸工作不良,导致发动机怠速抖动。

更换1缸喷油器后,发动机怠速平稳,故障排除。

3)故障分析

在故障检修过程中,先通过读取故障代码,从电路分析入手,排除线路故障,再经试火发现火花塞点火不良,找出点火器故障,更换点火器解决缺火问题。经过断缸试验,发现缺缸故障,通过仪器检查出喷油器内部存在故障,导致喷油器雾化不好,使发动机出现怠速抖动现象。

五、知识拓展

1. 发动机不能起动

1)故障现象

曲轴不转或转速太低;曲轴转速正常,但发动机无法起动。

2)故障原因

引起发动机不能起动的常见原因是起动系统故障、无高压火和不喷油。引起无高压火的故障部位一般为火花塞、点火线圈组件、曲轴位置传感器、ECU以及上述元件的线路故障。引起不喷油的故障部位一般为喷油器及其电路、燃油泵及其电路,或丧失点火信号等。

根据上述故障点,可以画出故障的思维导图,如图2-35所示。

3)故障诊断

检修发动机不能起动故障时,应注意下列事项:

(1)注意对关键熔断丝进行检查,如点火熔断丝、EFI熔断丝等。

(2)不要轻易怀疑发动机ECU故障。更换ECU前,必须先检查ECU搭铁、电源线路是否正常。

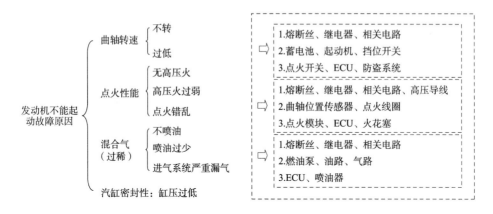

图 2-35　发动机不能起动故障原因分析

注：故障树中虚框内容是对应的可能故障点，故障点发生概率按数字排序。

（3）燃油箱是否有油。

（4）防盗系统是否锁死。如防盗系统有故障,将造成起动系统工作异常。

发动机不能起动故障诊断流程如图 2-36 所示。

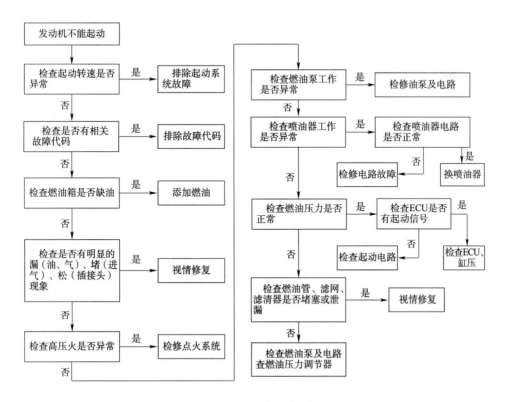

图 2-36　发动机不能起动故障诊断流程图

注：起动信号 STA 会影响起动时的点火提前角和混合气浓度。

2. 发动机动力不足

1) 故障现象

踩加速踏板时车辆加速缓慢，有踩空加速踏板的感觉。

2) 故障原因

引起发动机动力不足的常见原因是高压火弱、真空泄漏、喷油量少、缸压低等。引起高压火弱的故障部位一般是火花塞、点火线圈组件和ECU等。引起点火正时失准的故障部位一般是爆震传感器和ECU等。引起喷油量少的故障部位一般是喷油器、空气流量计（或进气压力传感器）、节气门位置传感器、燃油泵、燃油滤清器、油压调节器和ECU等。

根据上述故障点，可以画出故障原因的思维导图，如图2-37所示。

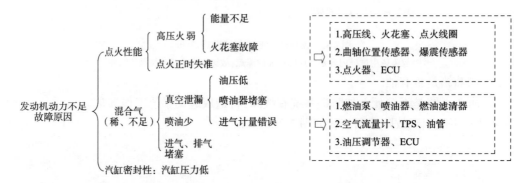

图 2-37 发动机动力不足故障原因分析

注：图中虚框内容是对应的可能故障点，故障点发生概率按数字排序。

3) 故障诊断

发动机动力不足故障诊断流程如图2-38所示。

3. 发动机怠速过高

1) 故障现象

发动机暖机后怠速仍然偏高。

2) 故障原因

造成发动机怠速过高的根本原因是发动机输出的动力太大，一般是发动机混合气多或偏浓所致。

发动机的怠速一般都是由ECU根据冷却液的温度、负荷开关（转向助力状态、空调运转状态和挡位开关）的状态，通过控制节气门开度来自动调整怠速工况的进气量，进而自动调整怠速工况的喷油量并调节怠速时的转速。冷却液温度传感器、空气流量计（或进气压力传感器）、转向助力开关、空调开关、挡位开关等信号错误，节气门后方漏气、燃油压力过高、节气门开度偏大、ECU故障等都将导致发动机怠速过高。

根据上述故障原因，可以画出故障原因的思维导图，如图2-39所示。

3) 故障诊断

发动机怠速过高故障诊断流程如图2-40所示。

单元二　汽车发动机故障诊断

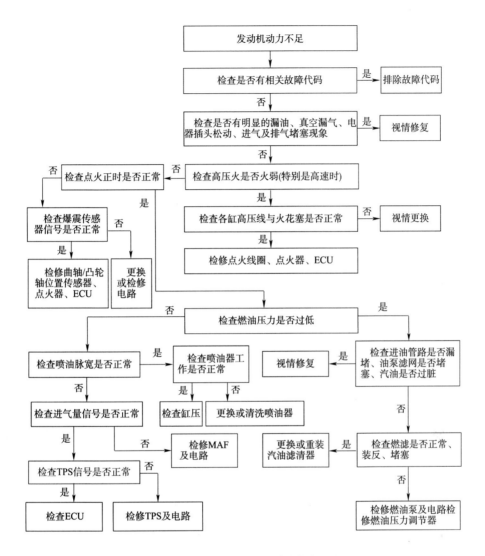

图 2-38　发动机动力不足故障诊断流程图

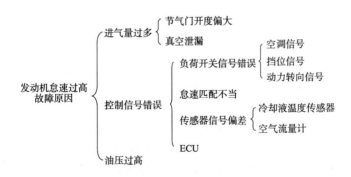

图 2-39　发动机怠速过高故障原因分析

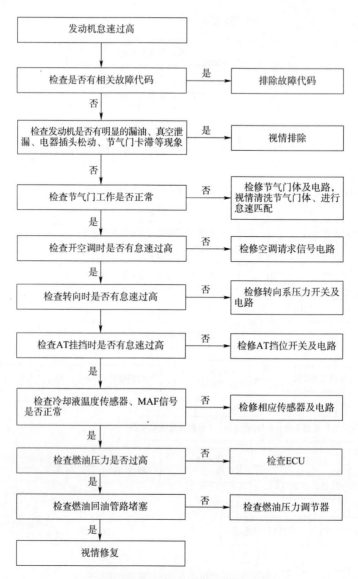

图 2-40　发动机怠速过高故障诊断流程图

4. 发动机怠速游车

1）故障现象

怠速运转时,发动机转速时高时低甚至熄火,也称为发动机失速现象。

2）故障原因

发动机怠速游车的根本原因是发动机输出的动力忽大忽小,一般是由于混合气浓度或量异常所致。

怠速游车现象是怠速工况的一种常见故障,它与怠速抖动有根本的区别。游车现象是一种有规律的转速忽高忽低故障。游车现象细分有两种:一种为小范围内转速变化,另一种为大范围内的转速变化。虽然它们的故障现象较相似,但它们所发生的根本原因却有着质的差别。前者的原因较复杂,其所发生的故障点也较为繁多,根本原因是由于外界的因素造成执行器在不断地反复调节所致。而后者发生的根本原因是断油控制的结果所致。

节气门存在脏堵卡滞,可能导致发动机怠速游车。目前,轿车上采用了电子节气门,它的进气量直接由节气门电动机推动节气门来控制。如果节气门存在脏堵卡滞,进气量将减少,导致转速下降。为了保持正常怠速转速,ECU将指令节气门电动机加大节气门开度。当电动机电流较小时,节气门由于卡滞不能动作,只有当电流较大时,才能驱动节气门动作。此时,较大的电流往往会使节气门开度过大,从而导致转速上升超过怠速转速。然后,ECU又将调小节气门开度。这样,不断循环调节,就形成了发动机怠速游车。当清洗节气门后,必须做基本设定。

进气管道有真空泄漏,也会导致发动机怠速游车。进气管漏气,必然使进气量增大,使混合气增加,转速也会逐步上升,当上升到一定转速时,电脑检测到发动机转速超出了怠速工况的限度,便会发出断油指令,控制发动机转速使其下降。当下降到500~600r/min时,电脑又恢复喷油,转速又慢慢上升,就这样不断循环,使发动机转速忽高忽低。

某些传感器信号异常,也可能会导致发动机怠速游车,一般有MAF、TPS、氧传感器。如氧传感器中毒后,氧传感器信号在0.2~0.8V变化缓慢,10s内只变化1~2次,而正常变化频率一般为10s时间内变化7~8次。由于信号反馈滞后,发动机电控单元将作出滞后的调节,当喷油量增大一段时间后,氧传感器才反馈混合气偏浓信号,此时电脑做减少喷油量的控制,又经过一段时间后,氧传感器才反馈混合气偏稀信号,此时电脑做增加喷油量的控制,如此缓慢的信号变化,将使发动机电控单元在做滞后控制,造成混合气一会儿稀一会儿浓,因此,发动机动力一会儿大一会儿小,导致转速忽高忽低,这样便会产生游车现象。

5. 发动机冷起动困难

1) 故障现象

发动机在热车时起动正常,而冷态时需要经过多次、长时间地转动起动机。

2) 故障原因

造成冷起动困难的基本原因是混合气浓度过稀、混合气雾化不良、火花塞跳火弱、汽缸压力偏低等。引起混合气浓度低的故障部位有冷却液温度传感器、进气系统漏气、喷油器等。引起火花塞跳火弱的故障部位有火花塞、点火线圈组件等。引起汽缸压力低的原因是机械故障。造成冷起动困难的常见原因是发动机混合气过稀。

根据上述故障原因,可以画出故障原因的思维导图,如图2-41所示。

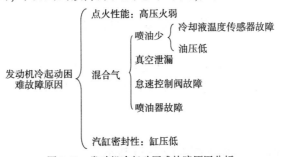

图2-41 发动机冷起动困难故障原因分析

3）故障诊断

发动机冷起动困难故障诊断流程如图 2-42 所示。

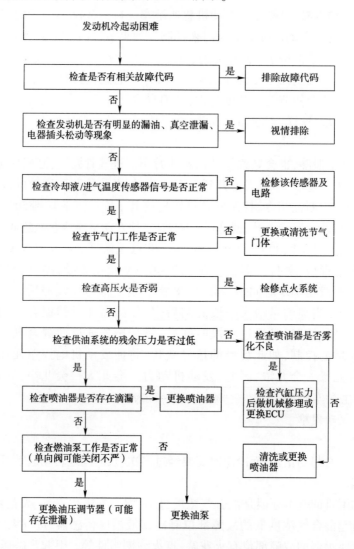

图 2-42　发动机冷起动困难故障诊断流程图

6. 发动机热起动困难

1）故障现象

发动机在冷车时起动正常，而热态时需要经过较多次、长时间地转动起动机。

2）故障原因

发动机热起动困难的常见原因是发动机混合气过浓。导致发动机混合气过浓的原因可能有冷却液温度传感器、进气温度传感器故障，喷油器滴漏，油压过高、节气门卡滞堵塞等。

3）故障诊断

发动机热起动困难故障诊断流程如图 2-43 所示。

单元二　汽车发动机故障诊断

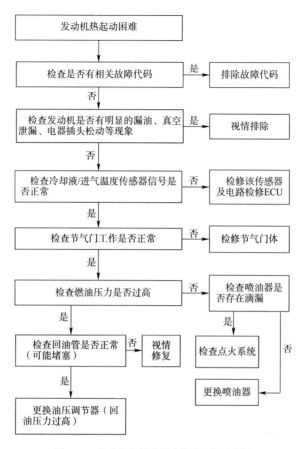

图 2-43　发动机热起动困难故障诊断流程图

项目 2.6　发动机油耗过高故障诊断

发动机油耗过高是汽车发动机的常见故障之一,通过本项目的训练,可学习汽车综合故障的诊断与排除方法。

通过本项目的学习,应达到以下目标:
(1)掌握发动机油耗过高的故障原因。
(2)熟悉发动机油耗过高故障的诊断流程图。
(3)了解发动机起动困难、回火放炮故障的故障原因。
(4)了解发动机起动困难、回火放炮故障的诊断流程。
(5)能够按规范对发动机油耗过高故障进行诊断与排除。
(6)能按照 5S 要求,对工具、场地进行整理。

一、任务描述

客户来 4S 店报修车辆发动机油耗明显偏高。经过技师检查,有时伴随发动机性能不良和冒黑烟等现象。初步确认车辆存在发动机油耗过高故障。

为了排除该故障,技师应完成以下内容:

（1）熟悉发动机的相关知识。
（2）在实车上对发动机电控系统进行性能测试。
（3）在实车上对发动机怠速不良故障进行诊断排除。

二、故障原因分析

引起发动机油耗大的根本原因是车辆动力性能下降，如发动机工作不良或底盘有问题，多数情况是由于火花塞点火弱、缺火和喷油量不足或过多造成。火花弱与缺火一般由火花塞、点火线圈组件等引起，喷油量不足或过多一般由燃油泵、燃油滤清器、油压调节器、空气流量计（或进气压力传感器）、发动机冷却液温度传感器和ECU等引起。

分析上述故障原因，可以画出故障原因的思维导图，如图2-44所示。

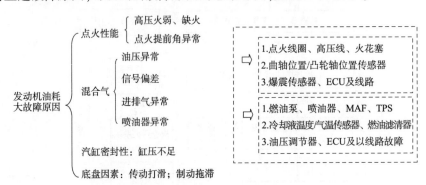

图2-44　发动机油耗大故障原因分析

注：图中虚框内容是对应的可能故障点，故障点发生概率按数字排序。

三、故障诊断与排除

故障诊断流程如图2-45所示。

四、案例剖析

案例　宝马760汽车发动机自动加速且油耗大

1）故障现象

一辆德国宝马760Li E66汽车，行驶里程为87675km。正常行驶时，发动机会自动加油门，而且油耗很大。到达维修厂之后，维修技师试车，正常行驶时没有发现客户所反映的故障现象，但是在慢速轻踩加速踏板时感觉加速慢，转速到1200r/min左右时转速会突然上升。

2）故障诊断

使用故障诊断仪读取故障代码，发现有如下故障代码：

（1）2731　DME（Digital Motor Electronics，数字式发动机电子控制系统）2731进气凸轮轴控制功能，汽缸列1。

（2）27E2　DME 爆震传感器1，汽缸列1。

（3）27BB　DME 排气凸轮轴控制功能，汽缸列1。

（4）2738　DME2 废气触媒转换器转换，汽缸列2。

(5) 2731　DME2 进气凸轮轴控制功能，汽缸列 2。

(6) 27BB　DME2 排气凸轮轴控制功能，汽缸列 2。

根据 27E2　DME 爆震传感器 1，汽缸列 1 故障代码，读取爆震传感器数据流，如图 2-46 所示。

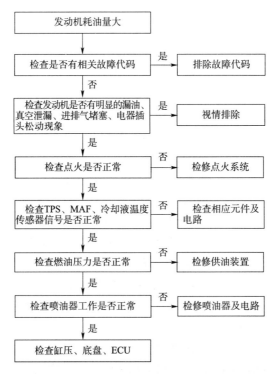

图 2-45　发动机耗油量大故障诊断流程图

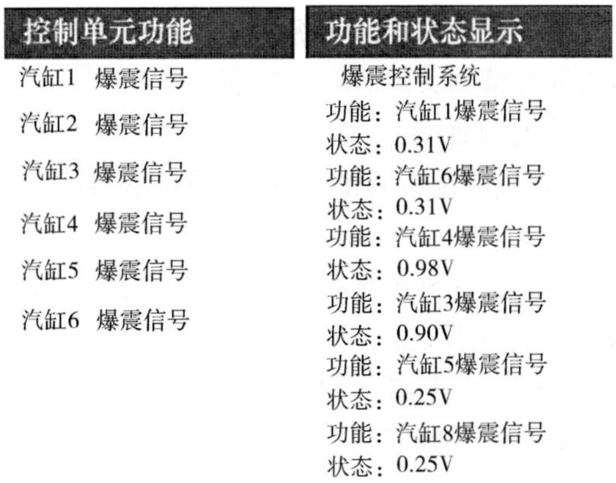

图 2-46　数据流

对数据流进行初步分析诊断。从数据流发现第 1 列的爆震信号电压过低，只有 0.31V，一般正常电压应有 1.5V 左右。更换爆震传感器后，爆震传感器的故障数据流恢复正常了。但自动加油门的故障现象依然存在，车辆发动机转速在怠速慢加速到了 1200r/min 时，转速会突然升高。

根据发动机的控制原理进行分析：DME 在 1200r/min 左右时识别到凸轮轴位置没有达

到相应的位置，然后 ECU 报凸轮轴位置不可信故障，DME 就执行了紧急模式，所以发动机转速有波动，造成发动机油耗高。

使用故障诊断仪对 VANOS（可变气门正时控制系统）电磁阀进行动作测试。结果提示可能的故障原因：

(1) VANOS 或电磁阀卡住。

(2) VANOS 被弄脏。

(3) 液位不正常。

功能和状态显示
VANOS
功能：VANOS 汽缸列1进气调校
状态：116.80° 曲轴转角
功能：VANOS 汽缸列1排气调校
状态：61.60° 曲轴转角
功能：VANOS 汽缸列1进气位置
状态：126.00° 曲轴转角
功能：VANOS 汽缸列1排气位置
状态：120.00° 曲轴转角

图 2-47 故障诊断仪显示

由于显示 1~6 和 7~12 缸的进排气凸轮轴位置不可信，删除故障后试车，该故障很快再次出现。于是不挂挡，在怠速时和慢慢加速时看 VANOS 的诊断应答，发现凸轮轴没有调整，结果见图 2-47。

根据图 2-47 和之前的数据流以及动作测试的情况，分析故障的共同点为 VANOS 系统起不到相应作用，应是机油供应有问题，于是检查机油油位，发现机油液位正常。该车第 2 列汽缸的 VANOS 都是通过一个机油泵供油的，均通过缸盖单向阀，由此初步判断机油油路可能有问题，准备检查油路。

由于该 VANOS 电磁阀不容易拆卸，于是决定检查缸盖上比较好拆的单向阀。拆下后发现单向阀被异物堵住了，因此造成了凸轮轴位置不可信。于是更换 6 个单向阀，完成后经过试车，发现故障已消失，便进行交车。

过了几天后，该车又返厂进行再次维修。车主反映发动机有异响，于是读取故障代码，与之前的一样。再次拆下缸盖单向阀，发现又和之前一样出现堵塞，再拆开 VANOS 电磁阀，发现也完全堵塞了。

再经过拆卸油底壳，发现在机油泵链轮上缠了一块碎布。在发动机运转的时候，碎布会慢慢地磨下来，碎渣堵住机油滤清器，然后从旁通阀里流过去，这样机油就不能得到过滤，使机油道被堵，最终导致了一系列的故障。

最后，该车经过分解发动机、清洗所有油道后，故障彻底排除。

3) 故障分析

通过以上维修过程可以看出，这种情况是由于在前面的维修中，维修人员安装油底壳时把一块清洁布忘在了油底壳里，造成了该车的行驶故障。所以，汽车维修人员应该严格按照操作流程和规范对汽车进行维修，材料和工具必须要及时清点，要做到"工完料尽现场清"，认真填写检修记录，竣工后进行试车验收，杜绝发生次生故障。

五、知识拓展

1. 发动机进气管回火

1) 故障现象

发动机工作不正常，迅速增加节气门开度时进气管有回火现象，加速无力。

2) 故障原因

发动机进气管回火的常见原因是混合气过稀。

如果混合气过稀，混合气的燃烧速度下降，燃烧火焰会延续到下一次进气门打开，使进气歧管内的可燃混合气燃烧，造成进气管内有回火现象。引起混合气过稀的主要故障部位是进气系统真空泄漏、燃油泵、燃油压力调节器、燃油滤清器、喷油器、节气门位置传感器、空气流量计（或进气压力传感器）、氧传感器和汽缸压力过低等。

根据以上故障原因，可以画出故障的思维导图，如图2-48所示。

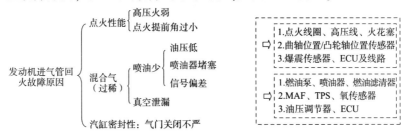

图2-48　发动机进气管回火故障原因分析

注：图中虚框内容是对应的可能故障部位，故障点发生概率按数字排序。

3）故障诊断

发动机进气管回火故障诊断流程如图2-49所示。

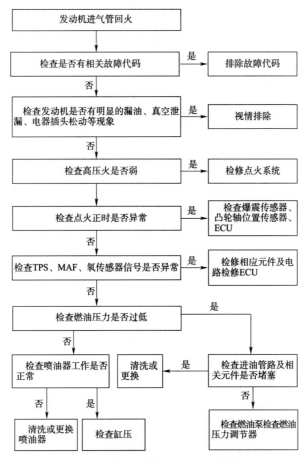

图2-49　发动机进气回火故障诊断流程图

注：主要是对混合气过稀的原因进行诊断。

2. 发动机排气管放炮

1) 故障现象

发动机工作不正常,排气管放炮,同时伴随有冒黑烟现象,发动机动力下降,油耗增加。

2) 故障原因

当可燃混合气过浓或点火过迟时,混合气在做功行程未燃烧彻底,进入排气管后继续燃烧,并产生放炮声。引起混合气过浓的部位有喷油器、燃油压力调节器、空气流量计(或进气压力传感器)、节气门位置传感器等。

根据以上分析,可以画出故障原因的思维导图,如图 2-50 所示。

图 2-50　发动机排气管放炮故障原因分析

注:图中虚框内容是对应的可能故障部位,故障点发生概率按数字排序。

3) 故障诊断

发动机排气管放炮故障诊断流程如图 2-51 所示。

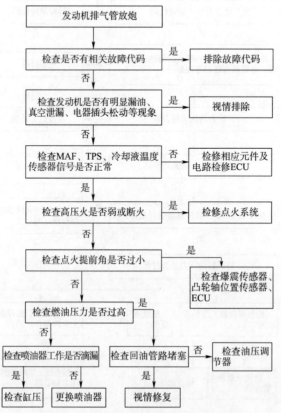

图 2-51　发动机排气管放炮故障诊断流程图

单元三　汽车底盘故障诊断

汽车底盘由传动系统、行驶系统、转向系统和制动系统组成,汽车底盘故障诊断与排除是汽车维修作业中的基本内容之一。本单元设置了6个项目,即离合器打滑故障诊断、变速器换挡困难故障诊断、自动变速器打滑故障诊断、汽车转向沉重故障诊断、汽车制动不灵故障诊断、防抱死制动系统(ABS)故障灯常亮故障诊断。通过本单元的学习和训练,可对汽车底盘各系统的常见故障诊断与排除方法进行学习。

项目3.1　离合器打滑故障诊断

离合器打滑是汽车底盘的常见故障之一,通过本项目的训练,可学习离合器常见故障的诊断与排除方法。

通过本项目的学习,应达到以下目标:

(1)掌握离合器打滑故障的原因。
(2)熟悉离合器打滑故障的诊断流程图。
(3)了解离合器分离不彻底、接合不稳、异响等故障的原因及诊断方法。
(4)能够按规范对离合器打滑故障进行诊断与排除。
(5)能按照5S要求,对工具、场地进行整理。

一、任务描述

客户来4S店报修车辆存在行驶无力加速不良现象。经过技师检查,初步确认车辆存在离合器打滑故障。

当离合器打滑时,在汽车起步时,完全放松离合器踏板,发动机的动力不能完全传至变速器输入轴,使汽车动力下降,油耗增加和起步困难;汽车加速时,行驶无力,车速不能随发动机转速提高而加快;当负载上坡时,打滑较明显,严重时,会从离合器内散发出焦臭味。

为了排除该故障,技师应完成以下内容:
(1)学习离合器故障诊断与排除的相关知识。
(2)在实车上对离合器进行检测。
(3)在实车上对离合器打滑故障进行诊断排除。

二、故障原因分析

1. 基本知识

汽车传动系统是组成汽车底盘的四大系统之一,发动机发出的动力只有经过传动系统的正常传递后,最终才能使汽车正常行驶。

传动系统按传力介质的不同,可分为机械式和液力机械式等。这里仅介绍配置手动变速器的机械式传动系。汽车传动系统由_____、_____、万向传动装置和_____组成,其布置如图3-1所示。

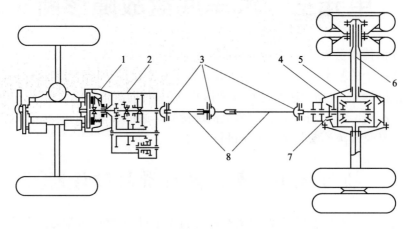

图3-1　汽车传动系统布置示意图
1-离合器;2-变速器;3-万向节;4-驱动桥;5-差速器;6-半轴;7-主减速器;8-传动轴

传动系统的作用是将发动机发出的动力按需传递给驱动轮。若传动系统工作不良,必将造成车辆动力性下降,同时也将影响整车的经济性。

离合器是传动系统的第一个传动装置,目前车辆上常用的是_____弹簧式离合器,采用_____式离合器操纵机构,其组成如图3-2所示。若离合器工作不良,将使车辆起步不稳、换挡困难,动力传动效率下降。

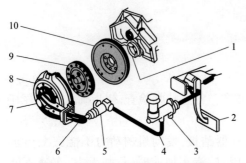

图3-2　液压式离合器操纵机构示意图
1-导向轴承;2-踏板;3-离合器主缸;4-液压管路;5-离合器工作缸;6-分离拨叉;7-分离轴承;8-离合器盖及压盘总成;9-摩擦盘;10-飞轮

【课堂思考】

离合器由哪些部件组成?

离合器的常见故障有离合器打滑、离合器异响、离合器发抖和离合器分离不彻底。

离合器的常见故障部位主要有:从动盘、分离轴承等。

2. 离合器打滑原因分析

离合器打滑的根本原因是压盘与从动盘之间的最大静摩擦力矩不足,具体原因如下:

(1)从动盘摩擦片烧损、硬化、有油污或磨损严重。
(2)膜片弹簧疲劳、开裂或失效。
(3)分离轴承等操纵机构运动发卡不能复位。
(4)压盘或飞轮变形、磨损。
(5)离合器操纵机构调整不当,导致踏板自由行程过小。
(6)离合器和飞轮连接螺钉松动。

根据上述故障点,可以画出故障原因的思维导图,如图3-3所示。

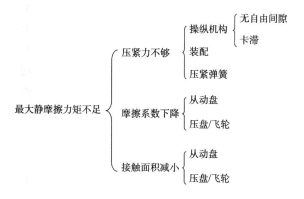

图3-3 离合器打滑故障原因分析

三、故障诊断与排除

诊断过程应遵循由外及内、先易后难的原则,诊断思路如下:

(1)故障判断:拉紧驻车制动器,挂上低速挡,慢慢放松离合器踏板,徐徐踩下加速踏板,若汽车不动,发动机仍继续运转而不熄火,说明离合器打滑。

(2)检查离合器踏板自由行程,如不符规定,应予调整。

(3)若自由行程正常,应拆下离合器底盖,检查离合器与飞轮螺钉是否松动,如松动应拧紧;如不松动,应检查离合器盖与飞轮之间有无调整垫片,并视情况减少或拆除垫片再予拧紧。

(4)经上述检查排除后仍然打滑时,应拆下离合器,检查从动盘的状况。若有油污,一般应拆下用汽油清洗并烘干,然后找出油污来源,并设法排除。若从动盘磨损过薄或有铆钉头外露,应更换从动盘。

(5)如从动盘完好,则应分解离合器,检查压盘弹簧弹力。若弹力减少,应予更换。诊断流程如图3-4所示。

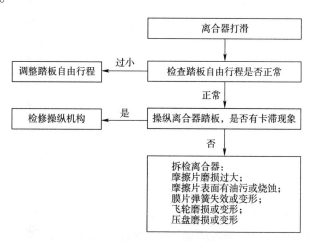

图3-4 离合器打滑故障诊断流程图

四、案例剖析

1. 案例一　标致307轿车急加速离合器打滑

1）故障现象

一辆2008年款东风标致307轿车，配置1.6L发动机和5挡手动变速器，累计行驶里程约为10万km。急加速时发动机转速可达5000r/min，轿车提速缓慢，很明显离合器工作出现打滑。

车主告知，已经因此更换过两次离合器三件套（压盘、离合器片、分离轴承），每次更换离合器片后急加速时，汽车都能正常工作，发动机转速也能恢复正常，但行驶了约100km后，会再次出现离合器打滑的现象。

2）故障诊断

接车后首先验证故障现象。发现该车在3挡急加速时，发动机转速在瞬间可以从2000r/min升到5000r/min，发现离合器还是打滑。已经更换过两次离合器三件套了。离合器由离合器踏板、主缸、工作缸、拨叉、分离轴承、压盘和离合器片等组成，造成离合器打滑的原因一般是工作缸或主缸发卡，导致在松开离合器踏板后，离合器压盘不能完全工作所导致的。那么是什么原因导致的离合器主缸或工作缸发卡呢？分析其原因有：离合器工作液太脏、离合器主缸或工作缸损坏。经过检查发现，离合器工作液非常脏，将其更换后试车，故障依旧。拆掉离合器工作缸进行检查，一个人在车上踩离合器踏板，另一个人用手顶住工作缸，当踩下离合器踏板时，离合器工作缸能正常顶出；释放离合器踏板时，离合器工作缸也能压复位。以上检查说明，离合器工作缸和主缸没有发卡的现象。

怀疑上次在更换离合器片时，维修人员把离合器片装反了。但该车离合器三件套已经更换了两次，出现均装反的可能性并不大。试车感觉离合器踏板自由行程，发现离合器踏板要释放很高的位置，离合器才接合。但刚才已经检查过了，离合器主缸和工作缸能正常复位。为了检查到底是离合器操纵机构问题，还是离合器压盘和离合器片的问题，决定把离合器工作缸拆掉，使离合器操纵机构和离合器片、离合器压盘完全分离，拆掉后试车5km，急加速后发动机不再空转，离合器工作恢复正常，至此将故障确定为离合器工作缸或主缸，更换离合器工作缸后试车，故障依旧，更换离合器主缸后试车，一切正常。于是车主将该车开走。

车主第2天又来了，说昨天开回去好的，今天该车行驶了50km左右，发现又出现了离合器打滑、发动机空转的现象。经过维修人员亲自试车，故障现象确如车主所述。于是，只得将变速器拆下来检查。将变速器、离合器片、分离轴承、离合器压盘都拆下后发现，离合器片、分离轴承、离合器压盘是新的，离合器片也没装反。检查离合器压盘的弹性，正常。于是，拿来工作灯并脱下手套进行仔细检查，当再次拿起离合器片时，发现离合器片和离合器压盘全是油。再检查飞轮，其上也是油乎乎的，看来问题就出在这里。

在离合器工作时，离合器片和飞轮、离合器压盘接合，由于离合器片上有油，离合器片的摩擦因数降低，在急加速时产生相对运动，飞轮的转速远高于离合器片的转速，造成发动机空转，离合器打滑。那么为什么更换离合器主缸后离合器工作正常了，第2天又开了50km

才出现故障呢？原来由于当时店里没有离合器主缸，需要发货，等了几个小时，离合器片温度变低，离合器片的摩擦因数升高。当汽车行驶了一段时间后，因为频繁使用离合器，离合器片温度升高，摩擦因数降低。因此，在急加速后，离合器片就和飞轮转速不同步，导致离合器打滑，发动机转速瞬间升高。

故障原因找到了，那么油是由什么地方进入离合器片和离合器压盘的呢？离合器片装在变速器一轴上，中心正对着分离轴承座，分离轴承座里面就是变速器一轴油封，变速器油是从变速器一轴前油封渗漏出来的，但油渗漏出来也不应该有那么严重。仔细检查变速器上边的通气孔，发现其上全是油渍，怀疑变速器内加的油太多了。于是拆下放油螺塞检查，结果从变速器内放出的变速器油有3.5L之多，正常情况下，变速器只需要加注2L变速器油。怀疑可能是该变速器的加油口有问题，变速器加油口在右侧半轴附近，其上面有一个胶盖，因该变速器油底壳较小，从该加油口添加变速器油时，很快就能发现有变速器油从这儿溢出来，故此处常被认为不是加油口。有的维修人员干脆将倒挡开关拆掉，然后从倒挡开关安装位置添加变速器油，这样做往往就会加注过多的变速器油。

更换分离轴承座（内含变速器前油封），离合器三件套后，从变速器加油口加油，加注到有变速器油从该加油口溢出就算加注完成，而后试车发现，离合器打滑现象消失。

3）故障小结

在故障诊断时，有时候仅仅将表面看到的故障点排除是不够的，必须要深入分析造成故障的原因。只有找到真正的故障原因，才能彻底将故障排除。

2. 案例二　现代索纳塔轿车离合器异响

1）故障现象

一辆韩国现代索纳塔轿车，行驶中底盘出现异响。在加速或保持踩下加速踏板不动时一切正常，但在松加速踏板滑行或发动机制动期间，便发出"咯啦、咯啦"的撞击声。

2）故障诊断

用举升机支起车身，使其四轮离地进行检查，感觉声响是从变速驱动桥的差速器部位传出的。拆下变速器并分解，取出差速器总成，检查轴承与座圈，未发现划痕和斑点。用手拨动各齿轮，能感觉出行星齿轮约有0.1mm的径向移动量，两个半轴齿轮有近0.5mm的轴向移动量，说明差速器各齿轮之间的配合间隙正常。观察各齿轮之间的啮合痕迹，未见异常，确认差速器总成良好。随后又检查了离合器分离轴承、离合器压板和两个半轴的内、外球笼，均未发现异常现象。仔细检查离合器从动盘时，发现从动盘钢片与从动盘毂之间有一小条打击的亮印，用手转动从动盘毂，发现其已经严重松旷。

更换离合器摩擦片后，故障现象消失。

3）故障分析

从动盘钢片和从动盘毂通过减振弹簧弹性地连接在一起，减振弹簧不仅减缓冲击载荷，亦可降低传动系自振频率，避免共振产生。而本车的减振弹簧因频繁操作离合器产生高温而退火变形，失去了弹性连接与减振的作用。松加速踏板滑行时，转矩则由车轮经传动系统传至发动机，发动机起制动作用，从动盘钢片与从动盘毂之间因作用力的变向，相对反转一个角度，便出现打击现象，而且因转矩周期性地变化，就会产生"咯啦、咯啦"的声响。

五、知识拓展

1. 离合器异响

（1）故障现象。

离合器接合时,或踩下离合器踏板少许,或完全踩下时,离合器发出不正常响声。

（2）故障原因。

造成离合器异响的根本原因在于离合器部分零件严重磨损及主、从动部件传力部位松旷,在离合器接合或分离的瞬间,由于惯性冲击的作用,造成不正常摩擦或撞击而产生异常响声,具体原因主要有:

①分离轴承缺油或损坏。

②分离轴承与膜片弹簧内端之间无间隙。

③分离轴承复位弹簧过软、折断或脱落。

④踏板自由行程过小。

⑤踏板复位弹簧过软、脱落或折断。

⑥从动盘本体铆钉外露或松动,本体碎裂或减振弹簧折断。

⑦从动盘毂与变速器第一轴花键磨损严重。

离合器异响故障原因分析如图 3-5 所示。

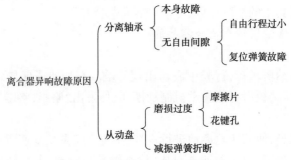

图 3-5 离合器异响故障原因分析

（3）故障诊断。

离合器异响故障诊断思路如下:

①少许踩下离合器踏板,使分离杠杆与分离轴承接触,听到有"沙沙"的响声,为分离轴承响。如踩下加速踏板后仍响,为轴承磨损松旷或损坏。检查分离轴承,如损坏或磨损过大,应换用新的轴承。

②踩下、放松离合器踏板时,如出现间断的碰击声,为分离轴承前后滑动响,应检查分离轴承复位弹簧,如失效,应更换。

③将踏板踩到底时发响,放松踏板响声消失,为离合器传动销与销孔磨损松旷。检查传动销的磨损,如磨损过大,应更换。

④连踩踏板,在离合器刚接触或分开时响,应检查分离杠杆或支架销与孔磨损是否松旷,或铆钉松动和从动盘铆钉外露,如有则更换。

⑤发动机一起动就有响声,将踏板提起后响声消失,为踏板复位弹簧失效,则应更换所有复位弹簧。

2．离合器发抖

（1）故障现象。

汽车起步时，经常不能平稳接合，使车身发生抖动。

（2）故障原因。

离合器发抖的根本原因是从动盘摩擦片表面与压盘表面、飞轮接触表面之间正压力分布不均，在同一平面内接触时间不同，使得主、从动盘接合不平顺引起发抖。具体原因主要如下：

①操纵机构工作不畅。

②从动盘翘曲、厚度不均或中间花键的配合间隙过大。

③压盘变形。

④离合器盖等部件固定松动。

⑤飞轮端面圆跳动超标。

⑥膜片弹簧本身弹力不均、断裂或内端因调整不当，造成不在同一平面内。

（3）故障诊断。

离合器发抖故障诊断思路如下：

①让发动机怠速运转，挂上低速挡，慢慢放松离合器踏板并加大加速踏板起步，如车身有明显抖动，为离合器发抖。

②检查变速器与飞轮壳、离合器盖飞轮固定螺钉是否松动，有松动则紧固；如正常，检查分离杠杆高度。

③检查操纵机构是否正常。拉索是否发卡，踏板复位是否正常。

④如上述良好，拆下离合器，分别检查压盘、从动盘是否变形，如变形，则更换；从动盘铆钉是否松动，各压紧弹簧的弹力是否在允许范围之内。

3．离合器分离不彻底

（1）故障现象。

当汽车起步时，将离合器踏板踩到底仍感挂挡困难，虽强行挂入，但不抬踏板汽车就向前闯动或造成发动机熄火；当汽车行驶时，变速器挂挡困难或挂不进挡，并从变速器端发出齿轮撞击声。

（2）故障原因。

离合器分离不彻底故障原因如下：

①离合器踏板自由行程过大。

②离合器拉索发卡。

③液压操纵系统漏油、系统内有空气或油量不足。

④膜片弹簧断裂或内端因调整不当造成不在同一平面内。

⑤从动盘毂键槽与变速器第一轴键齿锈蚀，使从动盘移动困难。

⑥离合器从动盘翘曲、铆钉松脱或新换的从动盘过厚。

⑦离合器压盘翘曲变形。

（3）故障诊断。

离合器分离不彻底故障诊断思路如下：

①故障判断：将变速杆放到空挡位置，踩下离合器踏板，用螺丝刀推动离合器从动盘。

若能轻推动,说明离合器能分离开;若推不动,说明离合器分不开。

②检查调整离合器踏板自由行程,如自由行程过大,则要重新调整。

③检查操纵机构是否正常。拉索是否存在发卡现象,液压操纵机构是否存在泄漏、管路是否有空气等。

④如经过上述检查调整仍无效时,应将离合器拆下分解,检查各机件的技术状况,必要时予以修理或换件。

项目3.2　变速器挂挡困难故障诊断

变速器挂挡困难是汽车底盘的常见故障之一,通过本项目的训练,可学习汽车手动变速器常见故障的诊断与排除方法。

通过本项目的学习,应达到以下目标:

(1)掌握变速器挂挡困难故障的原因。

(2)熟悉变速器挂挡困难故障的诊断流程图。

(3)了解变速器跳挡、乱挡的故障原因与诊断方法。

(4)能按照5S要求,对工具、场地进行整理。

一、任务描述

客户来4S店报修车辆存在换挡困难现象。经过技师检查,初步确认车辆存在变速器换挡困难故障。在进行正常变速操作时,变速器不能顺利地挂入挡位,并往往伴有齿轮撞击声;或完全不能挂上挡。

为了排除该故障,本项目主要包括以下内容:

(1)学习变速器换挡困难故障诊断与排除的相关知识。

(2)在实车上对变速器进行检查。

(3)在实车上对变速器换挡困难故障进行诊断排除。

二、故障原因分析

1. 基本知识

变速器对发动机输出的动力进行变速变矩变向,若工作不良,将造成车辆动力性、经济性下降。

【课堂思考】

手动变速器由哪些部件组成?

变速器的常见故障有变速器换挡困难或挂不上挡、变速器跳挡、变速器乱挡、变速器漏油和变速器异响。

变速器的常见故障部位主要有:同步器、自锁装置、互锁装置、轴承、花键等。

2. 变速器换挡困难故障原因分析

变速器换挡困难主要原因如下:

(1) 同步器不良(磨损或损坏)。
(2) 离合器调整不当或分离不彻底。
(3) 变速杆下端磨损或控制杆弯曲。
(4) 拨叉或拨叉轴磨损、松旷、弯曲。
(5) 变速器轴弯曲变形或花键损伤。
(6) 自锁或互锁弹簧过硬、钢球损伤。
(7) 控制连杆机构连接脱落。

变速器换挡困难故障原因分析如图3-6所示。

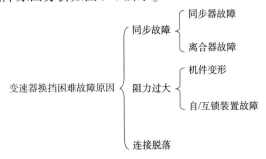

图3-6　变速器换挡困难故障原因分析

三、故障诊断与排除

故障诊断思路如下：

(1) 换挡时有异响,在排除离合器分离不彻底故障的情况下,检查同步器是否损坏、机油油量是否充足或质量是否合格。

(2) 换挡手柄的进挡感觉明显而不能顺利换挡时,是拨叉的固定销钉脱落;没有明显的进挡感觉,则应检查自锁互锁装置是否卡死、换挡操纵机构杆件是否弯曲变形。

故障诊断流程如图3-7所示。

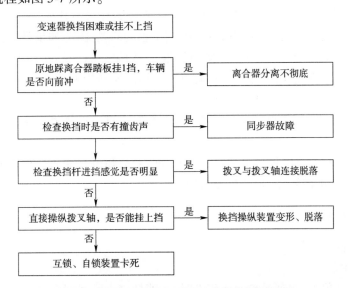

图3-7　变速器换挡困难或挂不上挡故障诊断流程图

四、案例剖析

1. 案例一　科鲁兹汽车挂挡困难

1）故障现象

一辆2013年款上汽通用雪佛兰科鲁兹手动挡汽车,行驶里程15万km。用户反映该车离合器分离不彻底,倒挡很难挂上。

2）故障诊断

维修人员查看离合器主缸的液面,发现其高度正常,仔细观察发现油液中有大量细絮状物。

尝试对离合器的液压传动系统放气,发现有很多空气,只放出了很少的油。接下来无论怎样踩离合器踏板,油液不再流出。查看维修记录,该车不久前因为同样的问题刚刚更换过离合器主缸。

拆下离合器主缸的出油管,踩下离合器踏板,管路没有油液流出,说明主缸已经失效了。这一次必须找到油液污染的原因。拆下变速器,检查离合器工作缸,发现离合器工作缸的密封圈已经严重失效。进一步检查发现,变速器输入轴油封漏油,变速器油漏出后连带着离合器片的粉末一起被甩到变速器壳体及离合器工作缸上。

这些污垢从离合器工作缸失效的密封圈处进入离合器液压传动系统,造成主缸的快速损坏。

更换变速器前油封、离合器总成、离合器工作缸及离合器主缸,故障彻底排除。

3）故障分析

在汽车故障诊断中,要善于从细微处发现问题。排除故障时,应找出故障的根源,而不能只简单更换部件。

2. 案例二　东风载货汽车5挡变速器挂挡困难

1）故障现象

客户报修,一辆东风载货汽车挂5挡非常困难。

2）故障诊断

首先,可以排除是离合器的故障,因为如果是离合器分离不开导致的挂挡困难,将会出现各个挡都难挂的现象。其次,可以排除是换挡叉轴的问题,因为如果是换挡叉轴的问题,4挡也将出现难挂现象(4、5挡共用一个换挡叉轴)。如果只有5挡挂挡困难,一般故障是5挡同步器同步锥环磨损过甚,导致5挡齿套难与5挡齿轮同步啮合,造成挂挡困难或挂挡冲击声音大。

拆检变速器,更换4、5挡同步器,再将变速器装复。试车后故障排除。

3）故障分析

由该故障的诊断与排除过程可知,在动手之前,对故障进行深入分析是非常重要的。通过分析,可以快速瞄准故障点,提高排障效率。

五、知识拓展

1. 变速器跳挡

（1）故障现象。

在汽车行驶过程中,尤其是加速或爬坡时,变速杆自动跳回到空挡位置。

(2)故障原因。

变速器跳挡故障原因如下：

①变速杆没有调整好或变速杆弯曲,远程控制杆机构磨损或调整不良。

②拨叉轴轴向自由行程过大或凹槽位置不正确,拨叉轴凹槽磨损及拨叉磨损、变形。

③自锁钢球磨损或破裂,自锁弹簧弹力不够或折断。

④变速器轴、轴承磨损松旷或轴向间隙过大,造成轴转动时齿轮啮合不足而发生跳动和轴向窜动。

⑤齿轮或接合套严重磨损,沿齿长方向磨成锥形。

⑥同步器磨损或损坏。

⑦变速器壳松动或与离合器壳没对准。

(3)故障诊断。

故障诊断思路如下：

①车辆行驶中,反复加速、减速,检查在各挡位上变速杆是否容易脱出。如果这种方法效果不明显时,可在爬陡坡、下陡坡(挂挡滑行)时进行检查。

②发现某挡脱挡时,仍将变速杆挂入该挡,将发动机熄火。先检查操纵机构调整是否正确,然后再拆开变速器盖检查齿轮啮合情况和同步器啮合情况。如果啮合情况不好,应检查轴承是否磨损松旷,拨叉是否变形,拨叉与接合套上的叉槽间隙是否过大,否则应更换或校正拨叉;如果啮合情况良好,应检查操纵机构锁止情况。如锁止不良,须拆下拨叉轴检查自锁钢球、弹簧,弹簧过弱、折断或拨叉轴凹槽磨损,应予以更换或修复。

③若齿轮啮合和操纵机构均良好,应检查齿轮是否磨成锥形以及轴是否前后移动。如果齿轮磨成锥形应更换,轴的前后移动应调整适当。

④对于变速器壳松动或与离合器壳没对准而引起的脱挡,须按规定拧紧固定螺栓。

2．变速器乱挡

(1)故障现象。

在离合器技术状况正常情况下,变速器同时挂上两个挡或虽能挂上挡,但却不能挂入所需要的挡位,或者挂入后不能退出。

(2)故障原因。

主要为变速操纵机构失效,具体原因有：

①变速杆球头定位销磨损、折断或球孔、球头磨损、松旷。

②变速杆下端工作面或拨叉轴上导块的导槽磨损过度。

③拨叉槽互锁销、球磨损严重或漏装。

(3)故障诊断。

诊断思路如下：

①车辆行驶中,操纵变速杆进行换挡,检查是否有同时挂上两个挡或挂上的挡位不是所需要的挡位。

②挂需要挡位时,结果挂入别的挡位:检查变速杆摆转角度,若其能任意摆动,且能打圈,则为定位销损坏或失效。需更换定位销,调整变速杆。

③当变速杆摆动转角正常,仍挂不上或摘不下挡,则多为变速杆下端工作面磨损或导槽

磨损,使变速杆下端从导槽中脱去。应予以修复或更换。

④若同时挂上两个挡,则为互锁装置磨损或漏装零件。应进行零件更换或装复。

项目3.3　自动变速器打滑故障诊断

自动变速器打滑是汽车自动变速器的常见故障之一,通过本项目的训练,可学习汽车自动变速器常见故障的诊断与排除方法。

通过本项目的学习,应达到以下目标:

(1)掌握自动变速器打滑故障的原因。

(2)熟悉自动变速器打滑故障的诊断流程图。

(3)了解自动变速器换挡冲击、无法行驶、升挡过迟等故障的故障原因及诊断方法。

(4)能够按规范对自动变速器打滑故障进行诊断与排除。

(5)能按照5S要求,对工具、场地进行整理。

一、任务描述

客户来4S店报修最近发现车辆行驶中出现加速无力现象。经过技师检查,初步确认车辆存在自动变速器打滑故障。具体表现为:起步踩下加速踏板时,发动机转速上升很快但车速上升缓慢。加速时,发动机转速上升很快但车速不能很快提高。上坡时,汽车行驶无力,但发动机的转速却很高。

为了排除该故障,本项目主要包括以下内容:

(1)学习电控自动变速器故障诊断与排除的相关知识。

(2)在实车上对自动变速器进行性能测试。

(3)在实车上对自动变速器打滑故障进行诊断排除。

(4)完成并填写学习工单的相关项目。

二、故障原因分析

1. 基本认识

1)自动变速器组成及类型

由于自动变速器操纵简便,目前绝大部分车辆都装配了自动变速器。自动变速器一般由液力变矩器、变速齿轮机构、液压控制系统、电子控制系统等组成,如图3-8所示。

按变速齿轮机构类型的不同,自动变速器可分为行星齿轮式自动变速器和定轴式自动变速器两种。行星齿轮式自动变速器结构紧凑,能获得较大的传动比,为绝大多数轿车所采用。行星齿轮式自动变速器又可分为辛普森式、拉维娜式、串联式(CR-CR式)等。

2)自动变速器基本原理

如图3-8所示,电控自动变速器通过传感器和开关监测汽车和发动机的运行状态,接受驾驶员的指令,将发动机转速、节气门开度、车速、发动机冷却液温度、自动变速器油温等参数转变为电信号,并输入ECU;ECU根据这些信号,按照设定的换挡规律,向换挡电磁阀、油压电磁阀等发出电子控制信号;换挡电磁阀和油压电磁阀再将ECU发出的控制信号转变为液压控制信号,阀板中的各个控制阀根据这些液压控制信号,控制换挡执行机构的动作,从而实现自动换挡。此外,ECU 也根据行驶状况,控制变矩器锁止电磁阀的工作,从而对变矩器锁止离合器的工作实现控制。

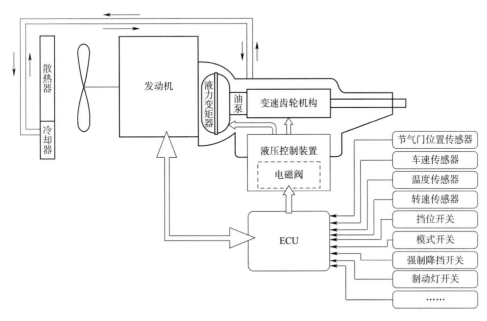

图 3-8　电控自动变速器的基本组成及工作情况

在自动变速器中,自动换挡过程的实现主要是通过离合器与制动器的工作来控制的。而手动变速器是通过齿轮或接合套的滑动来实现换挡的。

3) 自动变速器故障诊断基本流程

虽然各国厂商所生产的自动变速器有一定差异,但是它们的基本原理是一致的,所以检修时也有一定的规律可循。一般情况下,自动变速器的检修过程按照由简单到复杂的程序,一步一步地进行。检修内容包括基本检查、故障自诊断测试、手动换挡试验、机械系统测试、电控系统测试及按故障诊断表检测等几部分。检修流程可按图3-9进行。

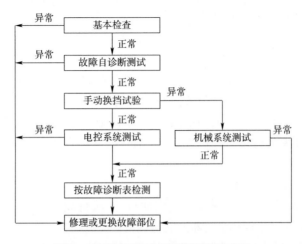

图 3-9　电控自动变速器故障诊断基本流程

(1)基本检查。

这一步用于检查自动变速器是否在正常前提条件下工作。通过这一步的检查,常常可以解决许多故障,因此这一步必不可少。基本检查包括:节气门开度的检查、怠速的检查、自动变速器油的检查、变速杆位置的检查等。

(2)故障自诊断测试。

若电控自动变速器在进行基本检查后仍存在故障,可通过故障诊断仪对系统进行故障自诊断,调出故障代码,帮助寻找故障发生部位。排除故障以后要记得清除故障代码。

同时,可以通过故障诊断仪读取相关数据流,对各种运行参数进行分析,判断各个电子元件工作是否正常。

(3)手动换挡试验。

为了确定故障存在的部位,区分故障是由机械系统(包括齿轮变速系统和液压控制系统),还是由电子控制系统引起的,应当进行手动换挡试验。手动换挡试验是人为地使电控自动变速器脱离车上自动变速器 ECU 的控制,由测试人员手动进行各挡位切换的试验。

手动换挡试验可在试验台上做,也可以进行路试来做,若每一挡位动作都正常,则说明故障出现在电子控制系统,应进行电控系统的测试,若有某一挡位动作异常或各前进挡很难区分,则说明故障在变速器机械系统,包括液力变矩器、齿轮变速系统和液压控制系统部分,应进行机械系统的测试。

(4)机械系统测试。

机械系统的测试包括失速试验、时滞试验、油压试验、道路试验等几项内容,因厂家不同,内容又有一定的差异。通过这几项试验,可以准确地判断出变速器械系统的故障发生部位。

(5)电控系统测试。

电控系统测试主要是按电路图检查线束导线及各插接件是否断路、短路以及搭铁接触不良问题,检测各电控元件是否损坏和失效,其检测内容和方法根据车型各不相同。

(6)按故障诊断表检测。

当按前述诊断步骤未发现异常,或者根据前述几个诊断步骤的结果很难准确判断具体的故障部位时,则为疑难故障。对疑难故障的诊断和查找,一般应参考维修手册上提供的故障诊断表,对列表上所列的产生某一故障现象可能的诸多因素,采取逐项排除法查找故障部位。不同厂家编制的故障诊断表各具特色,一般都列出了产生某一故障现象的各可能的原因,并将这些原因按可能性大小排序,在故障排除时可参照表中顺序进行。

在此强调一点:对自动变速器的故障进行检修时,正确判断非常重要。千万不能盲目、轻率地下结论,盲目听信客户或旁人的推测,以免错误地将完好的自动变速器解体造成越修越复杂的被动局面,而要进行多方面的测试,正确判断故障性质和故障部位,确实做到拆修前心中有数。

4)自动变速器常见故障及部位

自动变速器常见故障有变速器打滑、换挡冲击、无法行驶、升挡过迟、无法升挡、不能锁止、频繁跳挡、无前进挡、无倒挡、变速器温度过高等。

故障常发部位有自动变速器油(ATF)滤清器、离合器、制动器、单向离合器、油泵、液压阀、蓄压器、密封圈、换挡电磁阀、变矩器锁止电磁阀、油压调节电磁阀、节气门位置传感器、液力变矩器、自动变速器油(ATF)散热器管路、挡位开关等。

2. 自动变速器打滑故障原因分析

自动变速器打滑主要是由于换挡执行元件摩擦片与钢片之间出现打滑所致。引起打滑的原因有滤清器堵塞、液压过低、密封件泄漏、冲击负荷过大等。

（1）自动变速器油液面过低或过高造成主油路的油压过低，导致离合器和制动器打滑。

（2）离合器或制动器摩擦片(或制动器制动带)磨损严重或已烧焦而引起打滑。

（3）油泵磨损严重或主油路有泄漏而造成主油路的油压过低。

（4）自动变速器中单向离合器打滑。

（5）离合器或制动器活塞密封圈损坏而漏油，导致油压过低。

根据以上故障点，可以画出自动变速器打滑的故障原因思维导图，如图3-10所示。

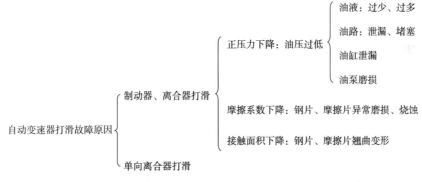

图3-10 自动变速器打滑故障原因分析

三、故障诊断与排除

自动变速器打滑故障诊断思路如下：

(1)首先检查变速器油液面和油的品质。

①如果只是液面过低或过高，添加或抽出变速器油至液面适当后，再检查自动变速器是否打滑。

②如果变速器油呈棕黑色或有烧焦味，则可能是离合器或制动器摩擦片已烧坏，应拆修自动变速器。

③如果液面和油品质均正常，则进行进一步检查。

(2)检查主油路的油压。

如果油压正常，再检查打滑时主油路压力是否正常。若打滑时主油路压力正常，自动变速器解体后应重点检修液压阀和换挡执行元件；若打滑时主油路压力不正常，解体后应重点检查油道密封性。

如果油压过低，应解体后应检查油泵滤网、油泵、主油路油压调节阀等。

在判断自动变速器打滑故障时，还可进行道路试验，并根据其打滑的规律判断故障的大致所在。

自动变速器打滑故障诊断流程图如图3-11所示。

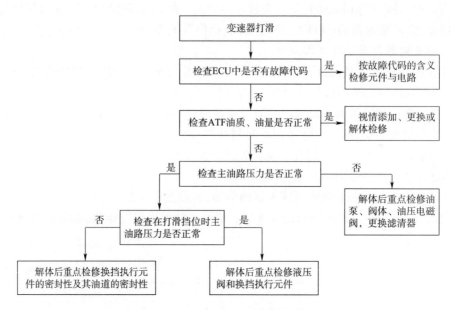

图 3-11 变速器打滑故障诊断流程图

四、案例剖析

1. 案例一 奔驰汽车自动变速器 3 挡升 4 挡打滑故障

1) 故障现象

一辆 2010 年款奔驰 ML350 都市型越野车,配备奔驰 722.9 手自一体 7 速变速器。根据客户反映,该车行驶速度在 40~60km/h 时发动机出现空转现象,随后汽车高速行驶一切正常。根据客户描述的现象,维修技师对汽车进行路试,发现在 3 挡升 4 挡时有打滑现象,且 ABS 故障灯始终在闪烁。

2) 故障诊断

首先用诊断电脑对整车进行检测,发现变速器和发动机没有任何故障,并发现该车 ABS 故障灯始终在闪烁,故障代码无法清除。与客户沟通后得知,该车 ABS 故障还没有解决(在等配件),汽车在行驶过程中变速器就出现问题,遂进行检查。接下来对变速器油品液位进行检查,没有发现异常现象。由于 ABS 异常也可能导致变速器出现异常,建议客户把 ABS 故障彻底排除以后再进行排查。三天后,汽车再次到店检查,同时客户还透露了一个比较重要的信息,该变速器在前期有过涉水情况,由于情况并不严重,在更换了变速器油后,并没有对变速器内部进行彻底处理。

和客户沟通后,决定对变速器进行彻底分解维修。在对变速器进行彻底分解时,对离合器进行压力测试,各组压力数据正常,对离合器进行分解,并没有发现离合器严重烧损现象,只是 K_1 轻微烧损。初步诊断是由于进水导致的电磁阀工作不良或电脑板内部损坏。接下来对电磁阀进行工作测试,发现电磁阀工作正常,并无异常现象。确定问题出现在电脑板内部,对电脑进行分解,发现内部集成元件聚集了大量的油水混合物,防水胶已经失去作用。

更换变速器损坏的电脑板并编程,路试一切正常。

3）故障小结

该故障的原因是电脑板损坏,主要是由于变速器前期涉水没有对内部进行彻底清洗,导致油水混合物在高温的情况下促使电脑板密封件的损坏,内部集成元件被油侵蚀导致失效。

2. 案例二　大众朗逸汽车自动变速器冷车3挡升4挡打滑故障

1）故障现象

一辆2010年款上海大众朗逸汽车,变速器型号为09G,发动机型号为CDE,行驶里程37623km。因台风引起水灾后,造成变速器内部进水,在其他厂做了相关的维修,更换了大修包、活塞组件及小修包等密封元件,并对壳体内、油道及阀体等部件做了全面的清洗与吹除,装配完成后试车并未发现问题,随后交车。

过了几天车主打电话反映:冷车跑不起来。通过仔细了解,车主在前一两天使用中,就发现了早上汽车跑不起来的现象,但只要过了一会儿,一切都变得正常了。所以当初车主也没太在意,因为在随后的使用中一切都正常。最终反映的问题是:早上第一次冷起动后使用车辆,前几分钟只能跑40km/h左右的速度,继续踩加速踏板,发动机转速即使达到4000r/min(空转现象),该车的车速也是处于滑行降低状态。

于是返回该厂检查,尝试更换了阀体、电磁阀、变速器控制单元等,仍未解决这个故障现象,时间过了一个星期,仍未找到真正的原因,维修一时陷入困境,于是找到笔者帮忙分析。

2）故障诊断

笔者上车验证,发现车辆已处于热车状态,试车发现入挡无冲击、从1~6挡升挡过程及降挡过程的品质一切正常,读取J217故障代码,故障代码显示为4挡传动比错误偶发,清除后不再存在,认真检查数据流相关信息,未发现有异常。

笔者要求将车留下,待冷车后再试。第二天一早,接上故障诊断仪试车,果然是冷车3挡升4挡打滑,不能升入4挡,只能处于3挡以下行驶,观察变速器数据流,发现在油温达到近30℃左右时,继续踩加速踏板,变速器可以升入4挡,随后一切正常,故障现象不再存在。

执行元件工作表及4挡工作传递简图如图3-12所示。

项目	部件					
挡位	K_1	K_2	K_3	B_1	B_2	F
1挡	●				●	●
2挡	●			●		
3挡	●		●			
4挡	●	●				
5挡		●	●			
6挡		●		●		
R挡			●		●	

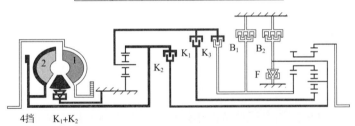

图3-12　执行元件工作表及4挡工作传递简图

查看007组数据流，无论是急加速，还是缓加速状态下，K_1、K_2都处于正常工作电流状态，在30℃以上一切数据都正常，似乎说明变速器内部机械没有问题。特别说明的是：在冷车状态下，在达到3挡升4挡的时机时，观察N282电磁阀瞬时的控制数据也是正常的，说明控制系统是有控制的，只是不能升入4挡，发动机出现空转现象。

这样看来，变速器电控系统应是正常的。难道是电子元件在冷态下工作不良？但结合该厂之前的维修情况：已更换过阀体、电磁阀及变速器控制单元等，且冷车故障现象没有任何改变，问题似乎出在终端执行元件部分或壳体油道部分。

决定对K_2离合器元件进行打压测试，便让维修人员就车拆下油底壳与阀体总成。调整气枪到400kPa的压力进行打压测试，同时用听诊器能够听到内部K_2活塞"叭、叭"的动作声，证明K_2活塞、油道及支座密封环等部件良好，检测到此已陷入困境，难道是K_2活塞在低温时，密封（橡胶）唇口收缩引起的泄压？决定拆检，必要时更换K_2活塞。

分解变速器做进一步检查。认真检查K_2活塞唇口四周，未发现人为损伤、鼓包、脱落等情况，而且橡胶唇口弹性良好，检查K_2供油支撑座的两道密封环，却发现两道密封环竟然分别安装在一道和二道环槽中，第二道环槽恰恰是K_2的进油道口（槽内带有进油孔），将第二道的密封环正确安装到第三道环槽中，装好K_2组件，用200kPa压力重新测试多次，活塞动作正常。

装车后，连续两个早晨的冷起动后试车验证，冷车3挡升4挡打滑故障现象彻底排除。

3）故障分析

在冷车状态下，当车况达到3挡升4挡的换挡时机时，实际上变速器控制单元已经发出了油压控制指令，但由于第二道槽的油道口被密封环大部分阻碍，加上低温时油液的流速慢，K_2不能及时接合，发生打滑现象，在瞬间变速器控制单元会进一步调整N282的电流（减小电流以增大K_2工作油压），如果这时K_2离合器片仍处于打滑状态时（控制单元监控），则控制单元会增大电流（即完全解除油压），因为变速器控制单元的逻辑控制认为：这样可防止进一步烧毁离合器片，所以不能升入4挡，只能处于低速挡3挡以下行驶。

4）故障小结

这是人为安装错误引起的故障，当初用400kPa的气压测试，K_2活塞仍然动作，是因为空气的流速要比油液的流速快（虽然密封环在第二道槽口位置，部分遮挡了供油道口），随着油温上升到30℃以上时，油液的黏稠度有所下降，流速有所增大，能够较快地进入K_2活塞腔中，故K_2活塞能够动作，离合器接合，所以车辆稍热几分钟后便一切正常。

因为在存在故障试车时，在达到3挡升4挡的时机时，观察N282电磁阀瞬间时的控制数据也是正常的，说明控制系统有控制，但如果保持加速，让4挡离合器一直处于打滑状态下的数据，则没有做进一步仔细观察。

五、知识拓展

1．变速器换挡冲击

1）故障现象

汽车起步时，自动变速器变速杆从停车挡或空挡挂入前进挡或倒挡时，汽车会有明显的振动。汽车行驶时，自动变速器换挡的瞬间，汽车也会有明显的冲击和振动。

2)故障原因

根本原因是两个挡位之间的换挡执行元件变化状态的时间差与标准不符。具体原因有：

(1)汽车起步换挡冲击大,是由发动机怠速过高引起的。

(2)所有挡位换挡冲击大,是由于节气门位置传感器调整不当而使主油路的油压过高导致换挡冲击。

(3)主调压阀不良而使主油路的油压过高导致换挡冲击。

(4)油压电磁阀或其线路不良而使主油路油压异常。

(5)蓄压减振器不良(如活塞卡住)而使换挡瞬间油压过高导致换挡冲击。

(6)单向阀损坏或单向阀钢球漏装而导致换挡执行元件接合过快。

(7)换挡执行元件打滑。

(8)升挡过迟而引起换挡冲击。

(9)电控自动变速器 ECU 故障。

3)故障诊断

自动变速器换挡冲击故障诊断思路如下：

(1)检查发动机的怠速。正常的发动机怠速一般为 750r/min。如果怠速过高,应将其调整至规定的怠速,再检验换挡冲击是否消失。

(2)检查节气门位置传感器的位置,如果不当,予以调整。

(3)进行路试,以判断自动变速器有无打滑或升挡过迟故障。

(4)检查发动机怠速时的主油路油压。如果怠速时的主油路油压过高,应拆检主调压阀;如果怠速时主油路油压正常,则应拆检前进挡离合器或倒挡及高挡离合器的进油单向阀是否损坏。

(5)检查换挡时的主油路油压。正常情况下,在换挡时,主油路的油压会有瞬间的下降。如果在换挡时主油路的油压有瞬时的下降,但有换挡冲击,可能是换挡执行元件的间隙太大而造成换挡冲击;如果换挡时主油路的油压没有下降。则应：

①检查油压电磁阀的线路有无松脱。若正常,进行②步检查。

②检查油压电磁阀能否正常工作。若正常,进行③步检查。

③检查在换挡时,ECU 有无向油压电磁阀输出信号。若换挡时 ECU 无信号输出,则需更换 ECU 再试;若 ECU 有信号输出,进行④步检查。

④拆检自动变速器蓄压减振器有无损坏。

自动变速器换挡冲击故障诊断流程图如图 3-13 所示。

2. 变速器工作异常致使车辆无法行驶

1)故障现象

变速杆置于任意前进挡或倒挡汽车均不能行驶。汽车冷起动后,可以行驶一段时间,但自动变速器油温度升高后汽车就不能行驶。

2)故障原因

(1)因泄漏而使自动变速器油过少或漏光,从而导致变矩器不能传递动力或变速器换挡执行机构不能正常工作。

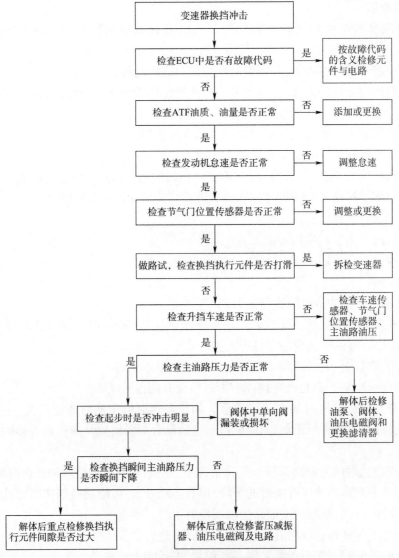

图 3-13 变速器换挡冲击故障诊断流程图

(2) 油泵损坏或油泵进油滤网严重堵塞,导致自动变速器主油路不能建立正常油压而使汽车不能行驶。

(3) 变速杆与手动阀之间的连接杆或拉索松脱,使得变速杆置于前进挡或倒挡时,手动阀仍然在空挡或停车挡位置。

(4) 液压控制系统中的主油路或油压调节器有堵塞,导致变矩器不能传递动力或变速器换挡执行机构不能正常工作。

(5) 变矩器损坏而不能传递动力。

3) 故障诊断

自动变速器无法行驶故障诊断思路如下:

(1) 检查自动变速器的液面高度。如果液面过低或无油,应检查变速器油底壳、液压油散热器及油管等处有无破损漏油;如果液面正常,进行下一步检查。

(2)检查自动变速器变速杆与手动阀摇臂之间有无松脱。如果有松脱,应予以装复并调整好手柄的位置;如果无松脱,进行下一步检查。

(3)检查主油路的油压。拆下主油路测压孔上的螺塞,起动发动机。将变速杆置于前进挡或倒挡,看测压孔有无液压油流出。

①如果测压孔无液压油流出,或虽有油流出但流量很小(油压很低),应打开变速器油底壳,检查油泵的滤网有无堵塞、若滤网无堵塞,则需拆开变速器检查油泵、油压调节器及有关的油路。

②如果在冷车起动时有一定的油压,而在温度上升后油压明显下降,则说明是油泵磨损严重,应更换油泵。

③如果测压孔有大量油喷出,说明变速器不传递动力不是由于主油路无油压造成的。这时,可拆下变速器油底壳,检查手动阀摇臂轴与摇臂之间是否松脱,若没松脱,则需拆检齿轮变速器。如果齿轮变速器无故障,则需检查或更换液力变矩器。

自动变速器无法行驶故障诊断流程图如图 3-14 所示。

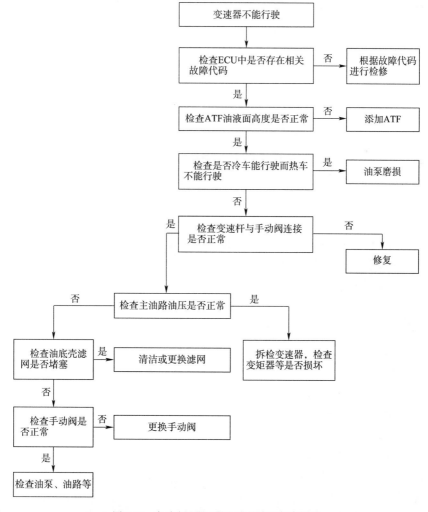

图 3-14　自动变速器不能行驶故障诊断流程图

3．变速器升挡过迟

1）故障现象

汽车行驶中，自动变速器升挡的车速明显偏高，升挡时发动机的转速也明显高于正常值。需采用提前升挡的操作方法（松开加速踏板）才能使自动变速器升入高挡或超速挡。

2）故障原因

(1) 节气门位置传感器调整不当。

(2) 主油路油压过高。

(3) 强制降挡开关短路。

(4) 车速传感器、节气门位置传感器信号异常。

3）故障诊断

自动变速器升挡过迟诊断思路如下：

(1) 检查节气门位置传感器的调整情况。如果不当，予以调整或更换。

(2) 检测发动机怠速时的主油路油压。如果油压过高，应通过节气门位置传感器调整。若调整后不能使油压降低，则需拆检油压调节阀及其油路。

(3) 检查自动变速器 ECU 与传感器和油压控制电磁阀之间的线路。如果线路均良好，则进行下一步检查。

(4) 检查节气门位置传感器、车速传感器和油压电磁阀。如果均为良好，则需更换 ECU 再试。

4．变速器无法升挡

1）故障现象

汽车行驶中，自动变速器始终只能以某个挡位行驶，无论多大的节气门开度，无论发动机有多高的转速，变速器始终不升挡。

2）故障原因

对于电液控制型自动变速器，挡位的变换是由电子控制装置决定，利用液压控制装置来操作齿轮变速器而获得，引起变速器不能换挡的原因可能是电子控制装置中的传感器、ECU、执行器、液压控制装置等，具体有：

(1) 节气门位置传感器位置不当。

(2) 车速传感器不良。

(3) 2/4 挡制动器或高挡离合器有故障。

(4) 强制降挡阀卡滞。

(5) 换挡阀卡滞。

(6) 挡位开关不良。

(7) 换挡执行元件打滑。

(8) 换挡电磁阀故障。

(9) 自动变速器 ECU 不良。

5．变速器无锁止

1）故障现象

汽车行驶中，车速、挡位已满足锁止离合器进入锁止状态的条件，但迅速踩下加速踏板时,发动机转速先升高,然后车速才上升,说明液力变矩器始终处于液力传递状态,且汽车油耗较大,经济性下降。

2) 故障原因

锁止离合器的工作由 ECU 控制,当条件满足后,ECU 控制锁止电磁阀,再利用液压控制装置中的变矩器锁止阀转换成液压信号,通过改变进入液力变矩器的液压油的流动方向,使锁止离合器片背压消失后进入锁止状态,使泵轮与涡轮结合为一体。故障常常出现在外围的控制开关、传感器、电路;锁止电磁阀、液压控制装置等。

项目3.4 汽车转向沉重故障诊断

转向沉重是汽车底盘的常见故障之一,通过本项目的训练,可学习汽车转向系统常见故障的诊断与维修方法。

通过本项目的学习,应达到以下目标:

(1) 掌握转向沉重故障的故障原因。
(2) 熟悉转向沉重故障的诊断流程图。
(3) 了解转向盘自由行程过大和转向轮抖动等故障的原因及诊断方法。
(4) 能够按规范对转向沉重故障进行诊断与排除。
(5) 能按照5S要求,对工具、场地进行整理。

一、任务描述

客户来4S店报修车辆在行驶中转动转向盘比较费劲。经过技师检查,初步确认车辆存在转向沉重故障。汽车行驶中,驾驶员向左、右转动转向盘时,感到沉重费力,无回正感;汽车低速转弯行驶和掉头时,转动转向盘感到非常沉重,甚至转不动。

本项目主要包括以下内容:

(1) 学习转向系统故障诊断与排除的相关知识。
(2) 在实车上对转向系进行性能测试。
(3) 在实车上对转向沉重故障进行诊断排除。
(4) 完成并填写学习工单的相关项目。

二、故障原因分析

1. 基本认识

汽车转向系统的作用是用来_____,以保证汽车按驾驶员意图方向行驶。

汽车转向系统包括_____、转向器和_____三个基本部分。按转向动力源的不同,汽车转向系统分为_____和_____两大类。机械转向系统的组成如图3-15所示。动力转向系统是在机械转向系统的基础上加设一套转向助力装置而形成的。动力转向系统按控制方式的不同,又可分为普通动力转向系统和电控动力转向系统。电控动力转向系统可分为_____和_____两种。

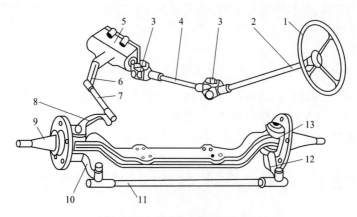

图 3-15 汽车转向系统组成及布置

1-转向盘;2-转向轴;3-转向万向节;4-转向传动轴;5-转向器;6-转向摇臂;7-转向直拉杆;8-转向节臂;9-左转向节;10、12-梯形臂;11-转向横拉杆;13-右转向节

【课堂思考】

机械转向系统由哪三大部分组成？各包括哪些部件？转向器有哪些类型？

汽车动力转向系统大部分采用了液压式电控动力转向系统,它是在普通液压动力转向系统的基础上增加了一套电控系统形成的,普通液压动力转向系统由机械转向器、转向控制阀、转向动力缸、转向油泵和油管等组成(图 3-16),液压式电控动力转向系统组成如图 3-17 所示。但现在越来越多的轿车上采用了纯电动式电控动力转向系统。

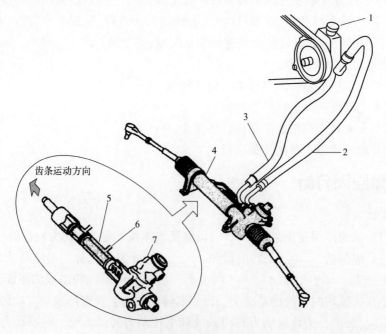

图 3-16 普通动力转向系统的基本组成

1-转向油泵;2-低压油管;3-高压油管;4-机械转向器;5-转向动力缸;6-高压油;7-转向控制阀

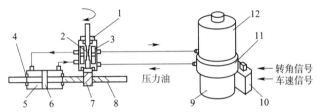

图 3-17 电控动力转向系统基本组成

1-转角传感器;2-扭力杆;3-分配阀;4-油封;5-动力缸;6-活塞;7-齿轮;8-齿条;9-直流电动机;10-EPS/ECU;11-转子式油泵;12-储油罐

【课堂思考】

电控动力转向系统中,电动式与液压式在元件组成上有什么不同?

转向系统的常见故障主要有转向沉重、转向盘自由行程过大、转向盘抖动、转向噪声等。

转向系统的常见故障部位主要有:转向传动机构连接处、转向器、转向泵、控制阀、油管接头等。

2. 转向沉重故障原因分析

转向系统转向沉重的原因包括转向助力不足和转向阻力过大两大部分。转向助力不足主要是转向助力装置存在故障,转向阻力过大有可能是转向系统内部或外部的故障导致。

转向阻力过大的具体原因主要如下:

(1)转向轮轮胎气压不足。

(2)转向轮本身定位不准或车轴、车架变形造成转向轮定位失准。

(3)转向器主动部分轴承调整过紧或从动部分与衬套配合太紧。

(4)转向器主、从动部分的啮合间隙调整过小。

(5)转向器缺油或无油。

(6)转向器壳体变形。

(7)转向管柱转向轴弯曲或套管凹瘪造成互相碰擦。

(8)转向横拉杆球头连接处调整过紧或缺油。

转向助力不足的具体原因主要如下:

(1)助力油液面低或变质。

(2)助力泵输出压力不够,可能是助力泵本身损故障或驱动装置故障,如驱动传动带松动,或助力泵电动机工作不良。

(3)油路存在故障,如管路泄漏、堵塞或不畅,管路进入空气。

(4)控制阀存在故障,如控制阀卡住、异常磨损等。

(5)动力缸存在故障,如内部泄漏等。

根据上述故障点,可以画出故障原因的思维导图,如图 3-18 所示。

三、故障诊断与排除

在诊断转向系统转向沉重故障时,可先对转向助力装置进行检查,然后再对机械转向部分进行排查,其诊断流程如图 3-19 所示。

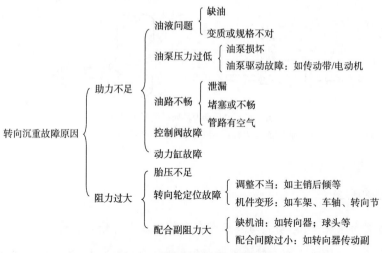

图 3-18　转向沉重故障原因分析

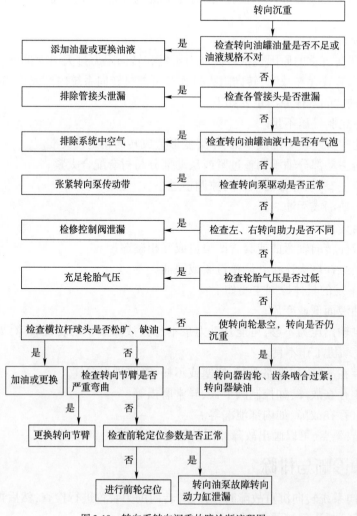

图 3-19　转向系转向沉重故障诊断流程图

四、案例剖析

1. 案例一 宝马320Li汽车转向沉重

1）故障现象

一辆宝马320Li汽车,搭载型号为N20的发动机,行驶里程约为1.2万km,客户报修转向沉重无助力,并伴有仪表盘上多个故障灯点亮。

2）故障诊断

接车后试车验证故障,故障现象确实存在,仪表盘上的发动机故障灯、ABS故障灯、转向系统故障灯、安全气囊故障灯点亮。

连接故障检测仪对车辆进行测试,得到如下故障代码:"无法与下列装置通信:电动机械式助力转向系统""无法与下列装置通信:动态稳定控制系统""无法与下列装置通信:发动机电子系统""无法与下列装置通信:一体式底盘管理系统""ZGM,FlexRay:路径0上的线路故障""中央网关模块:FlexRay同步失败""ZGM,FlexRay:路径1上的线路故障""ZGM,Flexray:控制器报告故障"。

结合FlexRay拓扑结构图(图3-20)和故障代码进行分析可知,发动机控制单元(DME)、一体式底盘管理系统(ICM)、动态稳定控制系统(DSC)和电动机械式助力转向系统(EPS)均无法通信,而且还有中央网关模块(ZGM)和FlexRay控制器报告故障,FlexRay路径0和1上的线路故障,以及中央网关模块FlexRay同步失败等故障代码,说明FlexRay总线不能通信。造成FlexRay总线不能通信的原因可能有:FlexRay线路故障、终端电阻故障、ZGM故障等。

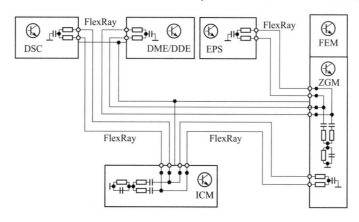

图3-20 FlexRay拓扑结构

DME/DDE-发动机控制单元;DSC-动态稳定控制系统;EPS-电动机械式助力转向系统;FEM-前部电子模块;ICM-一体式底盘管理系统;ZGM-中央网关模块

本着由简到繁的诊断原则,维修人员决定先检查FlexRay路径0。根据FlexRay的相关电路(图3-21),测量前部电子模块(FEM,含ZGM)的导线连接器A173*8B端子33的电压,为2.5V;测量端子34的电压,为2.48V,正常;用IMIB测量其波形,波形显示为一条直线,与正常车的波形进行对比可知,故障车的波形缺少变化。

断电测量路径0上的终端电阻,在线测量FEM导线连接器A173*8B的端子33和端子34之间电阻,为48.6Ω,断开导线连接器A173*8B,测得导线侧端子33和端子34之间的电阻为97.1Ω，测得FEM侧端子33和端子34之间的电阻为96.9Ω，说明终端电阻正常。

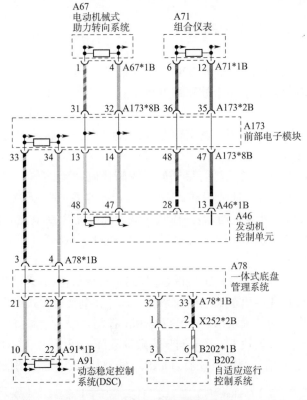

图3-21　FlexRay相关电路

为了排除线路故障的干扰(若线路存在对搭铁短路或对正极短路等情况，可能导致网关自我保护而不输出波形或干扰正常波形)，维修人员将FEM导线连接器A173*8B上的端子33和端子34挑出，然后重新将导线连接器A173*8B与FEM相连，通电后测得导线侧端子33的电压为2.43V，端子34的电压为2.46V；测得FEM侧端子33的电压为2.54V，端子34的电压为2.51V。用IMIB测量波形，两端均没有波形输出(波形为直线)。将正常车FEM导线连接器A173*8B上的端子33和端子34挑出，测量FEM侧端子33的电压为2.45V，端子34的电压为2.48V，且IMIB上有波形输出。由此可以判定FEM损坏。

更换FEM并编程后试车，功能恢复正常。

3) 故障小结

FlexRay是全新的总线系统和通信系统，每个通道的最大数据传输率可达10MB/s，因此FlexRay是一个非常高速的通信系统。FlexRay的数据传输速度明显比此前广泛应用在车身、驱动装置及底盘区域内的数据总线(K-CAN、PT-CAN及K-CAN2等)更快。除了支持更高的带宽之外，FlexRay还支持确定性的数据传输，并且可以进行容错配置。通俗地说，就是即使FlexRay总线上的个别元件失灵，剩余的系统仍可以正常通信。

当FlexRay总线系统出现故障时，若整个系统瘫痪，可将故障排查的重点放在中央网关模块或FlexRay路径0上。除路径0以外的任何路径出现故障都不会导致其余系统不工作。而路径0上至少要有两个控制单元与中央网关模块通信，才算路径0正常运行。

2. 案例二 丰田卡罗拉汽车转向沉重

1)故障现象

一辆丰田卡罗拉 GL 车型汽车,行驶里程 3.5 万 km,在行驶过程中出现转向发紧、沉重,P/S 故障指示灯常亮,电动助力转向系统不起作用等故障现象。

2)故障诊断

根据维修手册提示,结合维修经验,正常车辆,起动发动机后转向应轻便灵活,但此车起动后或行驶中转向都发紧、沉重,P/S 故障指示灯常亮,电动助力转向系统不起作用,判断其主要原因是 EPS 故障,但不排除转向系统机械故障同时产生。

根据故障原因分析,应先诊断电气故障。如果诊断排除了电气故障后,还出现转向沉重现象,再诊断排除机械故障。

(1)测量蓄电池电压。

发动机起动后,蓄电池电压测量值为 13~14V,发动机熄火后不低于 12V,蓄电池标准电压是 11~14V,说明其电压正常。

(2)读取故障代码。

将点火开关置于 OFF 位置,连接故障诊断仪到 DLC3 后,将点火开关置于 ON(IG)位置并打开故障诊断仪主开关,再根据诊断仪的提示读取故障代码。经读取后,发现故障为转矩传感器电路故障,其故障代码为 C1512。

(3)读取转矩传感器输出。

将点火开关置于 OFF 位置,连接智能检测仪到 DLC3 后,将点火开关置于 ON(IG)位置并接通智能检测仪,进入以下菜单项:Chassis/EMPS/Data List,选择数据表中的"Torque Sensor 1 Output"和"Torque Sensor 2 Output"项,并读取智能检测仪上的显示值,正常值如表 3-1 所示。经检查,发现转矩传感器 2 输出值的电压始终为 0V,不正常。

数据流正常值　　　　表 3-1

检测仪显示	测量项目/范围	正常状态	诊断备注
Torque Sensor 1 Output	转矩传感器 1 输出值:最低 0V,最高 5V	1. 2.3~2.7V 2. 2.5~4.7V 3. 0.3~2.5V	1. 转向盘不转动(无负载) 2. 车辆停止时间右转动转向盘 3. 车辆停止时间左转动转向盘
Torque Sensor 2 Output	转矩传感器 2 输出值:最低 0V,最高 5V		

(4)检查动力转向 ECU(输出)。

关闭点火开关,拔下动力转向 ECU 插接器 a1。再将点火开关置于 ON(IG)挡位置,如图 3-22 所示,测量动力转向 ECU 插接器 a1-6(TRQV)和 a1-8(TRQG)电压值为 8V,说明动力转向 ECU 输出正常。

(5)检查转矩传感器。

如图 3-22 所示,关闭点火开关,插上动力转向 ECU 插接器 a1。分别测量 a1-5(TRQ1)和 a1-8(TRQG)、a1-7(TRQ2)和 a1-8(TRQG)的电压,对比见表 3-2,发现 a1-5(TRQ1)和 a1-8(TRQG)的电压在转向盘中心位置时为 2.5V,在转向盘向右转时为 4V,在转向盘向左转时为 1.5V,说明其正常。

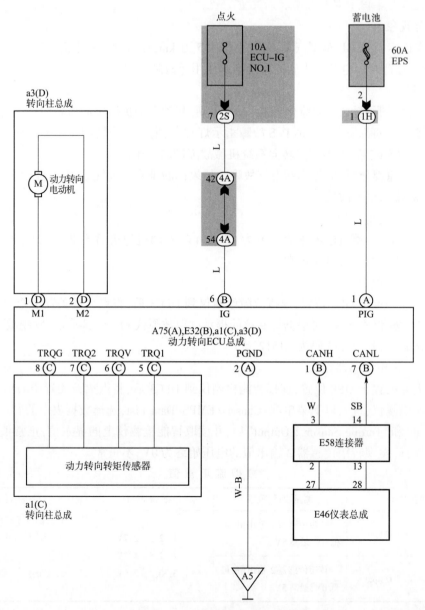

图 3-22 丰田卡罗拉 EPS 系统电路图

但 a1-7(TRQ2) 和 a1-8(TRQG) 的电压不管在什么位置,电压都为 0V。

检查 a1-7(TRQ2) 到转向柱总成线路,测量电阻值为 0Ω,说明其电路无断路,而是转矩传感器损坏。

(6) 更换转向柱总成。

连接好插接器。将点火开关置于 ON(IG) 位置,再读取转矩传感器输出。不管转向盘在什么位置,"Torque Sensor 1 Output"和"Torque Sensor 2 Output"电压差低于 0.3V。说明转矩传感器 2 信号恢复了正常。但 P/S 故障指示灯仍然常亮。再次读取故障代码,发现故障代码变为 C1515,即转矩传感器零点调整未进行。

测量数据的正常范围　　　　　　　　表3-2

检测仪连接	状态(转向位置)	规定状态
a1-5(TRQ1)—a1-8(TRQG)	中心位置	2.3~2.7V
a1-7(TRQ2)—a1-8(TRQG)	中心位置	2.3~2.7V
a1-5(TRQ1)—a1-8(TRQG)	向右转	2.5~4.7V
a1-7(TRQ2)—a1-8(TRQG)	向右转	2.5~4.7V
a1-5(TRQ1)—a1-8(TRQG)	向左转	0.3~2.5V
a1-7(TRQ2)—a1-8(TRQG)	向左转	0.3~2.5V

(7)转矩传感器零点调整。

将点火开关置于OFF位置,连接智能检测仪到DLC3后,点火开关置于ON(IG)位置,接通智能检测仪,选择"Utility",再选择"Torque Sensor Adjustment"。

注意:①校正前要先清除故障代码。

②将转向盘置于中心位置,并将前车轮对准正前方。

③不要快速转动转向盘。

④转矩传感器零点校正过程中不要碰触转向盘。

⑤零点校正完成后,确保没有故障代码输出,校正完成。

校正完成后,打开点火开关,发现P/S故障指示灯亮2s后熄灭,转向系统恢复正常,变得轻便灵活,说明系统故障已经排除,也不需要再诊断转向系机械装置。

3)故障小结

(1)转向沉重、P/S故障指示灯常亮、电动助力转向系统不起作用,一般情况都是EPS故障引起,应先排除EPS故障。如果故障现象还存在,再诊断转向系统机械装置故障。

(2)因为转矩传感器是一个精密元件,当更换了转矩传感器后,要对其进行零点校正,如果未对其零点校正,即使更换了完好的转矩传感器,转向系统故障仍会存在。

(3)通过掌握EPS的结构原理及其电路特点,根据维修手册,结合维修经验,逐步操作诊断排除。

(4)进行故障诊断与排除之前,必须认真查看检查程序的"小心"和"提示"内容,按照要求操作,以免造成不良后果或错误结果。

五、知识拓展

1.转向盘自由行程过大

(1)故障现象。

汽车保持直线行驶位置静止不动时,转向盘左右转动的游动角度太大。具体表现为汽车转向时感觉转向盘松旷量很大,需用较大的幅度转动转向盘,方能控制汽车的行驶方向;而在汽车直线行驶时,又感到行驶方向不稳定。

(2)故障原因。

转向盘自由行程过大的根本原因是转向系统传力链中一处或多处的配合因装配不当、

磨损等原因造成松旷。具体原因主要有：

①转向器主、从动啮合部位间隙过大或主、从动部位轴承松旷。

②转向盘与转向轴连接部位松旷。

③横拉杆球头连接部位松旷。

④横拉杆与转向节连接松旷。

⑤车轮轮毂轴承间隙过大。

(3) 故障诊断。

诊断时，可从转向盘开始检查转向系统各部件的连接情况，看是否有磨损、松动、调整不当等情况，找出故障部位。

2. 转向盘抖动

(1) 故障现象。

汽车行驶时，转向轮出现摆振而造成转向盘抖动现象，在高速时甚至难以握紧转向盘。

(2) 故障原因。

转向轮抖动的根本原因是转向轮定位不准、转向系统连接部件之间出现松旷、旋转部件动不平衡。具体原因主要有：

①转向轮旋转质量不平衡或转向轮轮毂轴承松旷。

②两转向轮的定位不正确。

③转向系与悬架的运动发生干涉。

④转向器主、从动部分啮合间隙或轴承间隙太大。

⑤转向器在车架上的连接松动。

⑥转向轮所在车轴的悬架减振器失效或左、右两边减振器效能不一。

⑦转向轮所在车轴的左、右两悬架高度或刚度不一。

(3) 故障诊断。

诊断转向系统转向轮抖动故障时，可先检查转向轮是否正常，再检查悬架是否正常。

3. 转向噪声

(1) 故障现象。

汽车转向时，能听到转向系统出现过大的噪声。

(2) 故障原因。

装有动力转向系统的汽车，在发动机起动后，转向助力泵的溢流阀中出现液流噪声是正常的，但噪声过大甚至影响转向性能时，该噪声应视为故障。因助力系统引起转向噪声的原因主要是：

①转向泵损坏或磨损严重。

②转向泵传动带打滑。

③控制阀性能不良。

④系统中渗入空气。

⑤管道不畅。

(3) 故障诊断。

转向时发出"咔哒"声，在排除转向泵叶片噪声的情况下，是由于转向泵带轮出现松动。

转向时发出"嘎嘎"声,是由于转向泵传动带打滑。

转向时转向泵发出"咯咯"声,是由于系统中有空气;发出"嘶嘶"声,而且系统不漏气,转向泵传动带张紧度也合适,是由于油路不畅或控制阀性能不良。

项目 3.5 汽车制动不灵故障诊断

汽车制动不灵是汽车底盘的常见故障之一,通过本项目的训练,可学习汽车制动系统常见故障的诊断与维修方法。

通过本项目的学习,应达到以下目标:
(1)掌握制动不灵故障的原因。
(2)熟悉制动不灵故障的诊断流程图。
(3)了解制动失效、制动拖滞、行驶无力等故障的原因及诊断方法。
(4)能够按规范对制动不灵故障进行诊断与排除。
(5)能按照5S要求,对工具、场地进行整理。

一、任务描述

客户来 4S 店报修最近发现车辆存在制动距离过长现象。经过技师检查,初步确认车辆存在制动不灵故障。制动不灵也叫制动力不足。汽车行驶中制动时,驾驶员感到减速度小;汽车紧急制动时,制动距离长。

本项目主要包括以下内容:
(1)学习制动系统故障诊断与排除的相关知识。
(2)在实车上对制动系统进行性能测试。
(3)在实车上对制动不灵故障进行诊断排除。

二、故障原因分析

1. 基本认识

汽车制动系统的功用是使行驶中的车辆按照驾驶员的要求进行_____甚至停车;使已停驶的车辆能在各种道路上_____;使下坡行驶的车辆速度能保持安全稳定。

按照传动介质的不同,汽车制动系统一般可以分为_____式和_____式。轿车上普遍采用了带真空助力装置的液压制动系统。

汽车制动系统一般包括两套独立的制动装置:一套是_____制动装置,用于使行驶中的汽车减速甚至停车,其制动器装在车轮上,通常由驾驶员用脚操纵;另一套是_____制动装置,用于使停驶的汽车驻留原地不动,通常由驾驶员用手操纵。每套制动装置都主要由_____和制动传动装置组成。图3-23为典型制动装置结构及原理示意图。此外,制动系统还包括报警和制动力调节装置。

如图3-24 所示,制动传动装置包括制动踏板、真空助力器、_____、制动轮缸、制动油管等。制动器分为鼓式和盘式两种。

液压制动系常见故障主要包括制动不灵、制动失效、制动拖滞和制动跑偏。

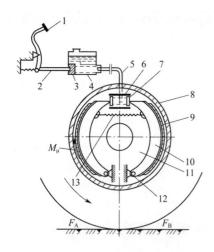
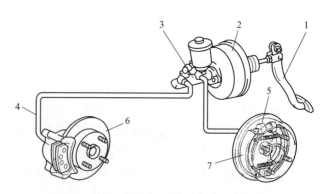

图3-23 典型制动装置结构及原理示意图
1-制动踏板;2-推杆;3-主缸活塞;4-制动主缸;5-制动油管;6-制动轮缸;7-轮缸活塞;8-制动鼓;9-摩擦片;10-制动蹄;11-制动底板;12-支承销;13-制动蹄复位弹簧

图3-24 液压制动系组成
1-制动踏板;2-真空助力器;3-制动主缸;4-制动油管;5-制动轮缸;6-盘式制动器;7-鼓式制动器

液压制动系常见故障部位主要有制动器(制动蹄/摩擦片、制动鼓/制动盘、制动轮缸)、制动主缸和管路等。

2. 制动不灵故障原因分析

造成制动不灵故障的根本原因是制动力矩不足导致,具体原因如下:

(1)制动管路中有空气,或油管凹瘪、软管老化、发胀、内孔不畅通或管路内壁积垢太厚。
(2)储液罐制动液不足或变质。
(3)制动主缸、制动轮缸的皮碗、活塞、缸壁磨损过甚。
(4)制动主缸、制动轮缸、管路或管接头漏油。
(5)制动鼓磨损过甚,或制动间隙调整不当。
(6)制动主缸出油阀、回油阀不密封或活塞复位弹簧预紧力太小,或进油孔、补偿孔、储液罐通气孔、活塞前贯通小孔堵塞。
(7)制动主缸或制动轮缸皮碗老化、发黏、发胀。
(8)制动片与制动鼓(或制动盘)的接触面积太小,制动片质量欠佳或使用中磨损过度、表面硬化、烧焦、油污等。
(9)真空助力器效能不佳或失效。
(10)制动踏板自由行程太大。

根据上述故障点,可以画出故障原因的思维导图,如图3-25所示。

三、故障诊断与排除

液压制动系制动不灵故障的诊断流程如图3-26所示。

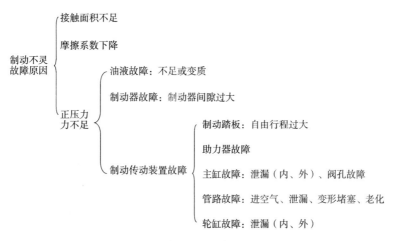

图 3-25　制动不灵故障原因分析

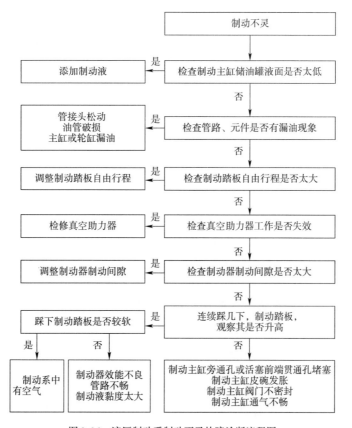

图 3-26　液压制动系制动不灵故障诊断流程图

四、案例剖析

1. 案例一　本田锋范汽车制动不灵

1) 故障现象

一辆 2010 年款本田锋范汽车,行驶里程 3.15 万 km。车主反映正常行驶过程中,制动时感觉制动效果差,制动距离长,制动比较吃力,发动机故障指示灯点亮。

2)故障诊断

在平直的道路上,让车辆分别以 20、30、40、50、60、70、80(km/h)车速行驶,分别对车辆进行制动,制动时感觉制动效果差,制动距离长,制动偏硬。发动机故障指示灯点亮,故障诊断仪 HDS 检测故障代码为 P0171(燃油混合气过稀)。

经检查,制动液无异常。

检查制动盘及摩擦片,无异常。

检查四轮制动轮缸,无异常,排空气检查,无空气排出。

检查制动主缸。实物确认制动主缸推杆密封圈,发现有破损的情况,导致真空助力泵密封不良,外部空气通过这个密封圈进入真空助力泵,再通过进气歧管进入到气缸参与燃烧,导致发动机燃烧室空气过多,发动机故障灯点亮,HDS 检测故障代码为 P0171(燃油混合气过稀)。

这是不规范装配导致的故障,详细原因是密封圈先行放入真空助力器内,然后制动主缸推杆斜向插入制动主缸,此时可能会导致密封圈发生翻卷,在此状态下使用,制动主缸推杆密封圈就会出现破损,出现上述故障现象。

正确安装操作是在制动主缸拆卸后重新安装的过程中,应该先将密封圈放入制动主缸推杆内,安装前先在密封圈涂上机油,再将已套入密封圈的制动总泵推杆插入真空助力泵,最后按照力矩要求锁紧制动主缸的紧固螺母。

更换制动主缸推杆密封圈,并反复试验,制动效果良好,故障代码没有再现,故障彻底排除。

3)故障小结

这是不规范装配导致的故障,因此在装配时,应注意规范操作,否则容易造成人为故障。

对于制动软的故障,重点检查制动踏板高度、自由行程、踏板行程。

对于制动硬的故障,除上述踏板行程数据外,还要重点检查真空助力器。

2. 案例二 东风雪铁龙凯旋汽车制动不灵

1)故障现象

一辆东风雪铁龙凯旋自动挡汽车,因为长时间没有进行维护,车辆状况不良而进厂维修。在接车时偶然发现该制动效果特别差,就像是没有真空助力一样,而且发动机怠速抖动明显,动力不足。

2)故障诊断

经过了解得知,该车属于单位车辆,一直不是专人使用,大家都反映该车开起来不舒服,因此都不愿意驾驶该车,也没有人过问该车的维护情况。对该车进行更换机油三滤和火花塞等正常维护项目后试车,怠速抖动现象并没有明显改善。连接故障检测仪进行检测,在发动机控制单元中读到了关于混合气浓度的故障代码;在 ABS 控制单元中没有读到故障代码。接着读取发动机系统怠速状态下的数据流,进气歧管绝对压力为 85kPa。节气门位置传感器信号电压不稳定,大于 750mV,正常应该是 610mV;读取 ABS 数据流,未见异常参数。

将发动机熄火后,用力踩下制动踏板,以卸除制动真空助力泵内剩余的真空,然后再踩住制动踏板,起动发动机发现制动踏板会明显下沉,说明制动真空助力泵应没什么问题。

拔下制动真空助力泵真空管及单向阀,检查单向阀,单向阀没有问题。起动发动机后用手堵住真空管,发现发动机怠速依然抖动,并无明显改善,从而确认制动真空助力泵本身也并无泄漏,但是同时发现真空管真空吸力明显不足,因此怀疑是制动真空力不足导致制动效果变差的。

发动机怠速抖动,初步怀疑是发动机进气道部分积炭严重导致发动机动力不足。于是拆下进气歧管,清洗进气道及进气门上方的积炭,并用故障检测仪重新对节气门进行匹配,而后起动发动机试车,发动机工作状况依然无明显改善。

考虑到试车中读取的数据流无异常,而发动机怠速状态下数据流中的进气歧管绝对压力值比正常数值要高很多,怀疑是正时齿带错齿导致发动机抖动和动力不足的。拆开正时齿带校验正时,发现正时齿带果然错齿。并且因为正时张紧轮、惰轮及冷却液泵的间隙过大,导致正时带向外移动,与正时罩及带轮发生摩擦,正时齿带的宽度只剩下正常正时齿带宽度的一半。

更换正时齿带、正时张紧轮与惰轮套件及冷却液泵,重新校准正时后起动发动机试车,发动机怠速不再抖动,动力充足,制动效果也恢复了正常,至此故障彻底排除。

3)故障小结

东风雪铁龙凯旋汽车所装配的 2.0L EW10A 发动机是东风雪铁龙和东风标致广泛应用的一款发动机,装配车型有东风雪铁龙凯旋、世嘉、新 C5、东风标致 307 和 408,这款发动机的正时齿带装配对配件质量及工艺都有比较严格的要求。另外,关于工艺方面,冷却液泵和正时张紧轮、惰轮的间隙要求也很高,曲轴正时齿轮外的附件带盘不能被正时齿带明显磨损的情况,正时齿带装配上去后要进行两次张紧工艺(一定要装上附件带轮才能起动发动机)。第一次张紧要把张紧轮张紧到最紧状态,起动发动机运转几分钟后,让正时齿带进行拉伸然后,再调整张紧轮到正常的张紧度。

发动机怠速状态运转几分钟后,正时齿带不能向外移动到与排气凸轮轴带轮同一平面,更不允许超出。

五、知识拓展

1. 制动拖滞

1)故障现象

在行车制动中,当抬起制动踏板后,全部或个别车轮的制动作用不能完全立即解除,以致影响车辆重新起步、加速行驶或滑行。

2)故障原因

造成制动拖滞的原因主要如下:

(1)制动踏板无自由行程。

(2)踏板复位弹簧脱落、拉断、拉力不足或踏板锈蚀、卡住而复位困难。

(3)制动主缸皮碗发胀、发黏或活塞复位弹簧拉断、预紧力太小,造成复位不畅。

(4)制动主缸补偿孔被污物堵塞。

(5)制动蹄复位弹簧脱落、拉断、拉力太小而复位不畅。

(6)制动器制动间隙太小。

(7)制动油管凹瘪、堵塞或制动液太脏、太稠而使回油困难。
3)故障诊断
制动拖滞诊断思路如下：
若个别车轮发热，应检查该轮制动轮缸是否复位不畅、管路是否不畅、制动器制动间隙是否太小、摩擦片是否复位不畅；若全部车轮发热，应检查制动踏板自由行程是否太小、制动器制动间隙是否太小、制动主缸是否回油慢（回油孔不畅、皮碗发胀）、真空助力器空气阀是否漏气。

2. 制动失效
1)故障现象
汽车行驶时，踩下制动踏板车辆不减速，即使连续踩几下制动踏板也无明显作用。
2)故障原因
造成制动失效的原因主要如下：
(1)油液：制动主缸储液罐内油液严重缺失。
(2)主缸/轮缸故障：制动主缸、制动轮缸皮碗严重破裂。
(3)管路故障：制动软管、金属管断裂或接头处严重泄漏。
(4)机械连接松脱：制动踏板至制动主缸的连接脱开。
3)故障诊断
制动失效容易造成严重交通事故，因此，应及时找到故障点，尽快排除修复。
制动失效故障诊断思路如下：
踩下制动踏板，如无连接感，说明是踏板与制动主缸的连接脱开。检查系统管路有无泄漏或破裂（通常根据油迹判断）。管路的泄漏或破裂会使回路中形成不了高压，使制动性能失效。如上述情况正常，则应检查制动主缸和制动轮缸。

3. 汽车制动跑偏
1)故障现象
汽车制动时，车辆行驶方向发生偏斜；紧急制动时甚至出现掉头或甩尾现象。
2)故障原因
造成制动跑偏的根本原因是汽车左、右两侧车轮受到的制动力不一致，制动跑偏故障的具体原因主要如下：
(1)制动压力调节器或比例阀失效。
(2)前轮定位不正确。
(3)一侧鼓式制动器制动底板松动或盘式制动器制动钳固定支架（板）松动。
(4)一侧制动蹄摩擦片有油污。
(5)左、右轮制动蹄摩擦片材料不一、新旧程度不一或质量不一。
(6)左、右轮制动蹄摩擦片与制动鼓（盘）的接触面积不一或制动间隙不一。
(7)左、右轮制动蹄复位弹簧拉力不一。
(8)左、右轮轮胎气压不一、直径不一、花纹不一或花纹深度不一。
(9)左、右轮制动鼓（盘）的厚度、新旧程度或工作面的表面粗糙度不一。
(10)一侧车轮制动管凹瘪、阻塞、漏油或制动系统内有空气。

(11)一侧车轮制动蹄与支承销配合过紧或锈蚀。
(12)一侧车轮制动轮缸活塞与缸壁磨损过甚或皮碗老化、发胀、发黏。
(13)车架水平面弯曲变形、前轴与车架不垂直、前后轴不平行或两边弹簧刚度不等。
(14)一侧车轮制动蹄弯曲、变形。
(15)悬挂装置紧固件松动。

3)故障诊断

汽车制动跑偏故障诊断思路如下：

减速制动,汽车向左(右)跑偏,说明右(左)轮制动迟缓或制动力不足。

紧急制动,观察车轮在地面上的印迹。若同一轴两边车轮印迹不能同时产生,其中印迹短的车轮为制动迟缓,印迹轻的为制动力不足。

检查制动迟缓或制动力不足车轮的轮胎气压、轮胎磨损情况及制动管路是否漏油。检查制动系统中有无空气、制动间隙是否正常。故障仍存在时分解检查制动器和制动轮缸。

若故障还是存在,应检查车身或悬架、转向系统、行驶系统是否有故障。

制动迟缓或制动力不足会使所在车轮与同轴车轮的制动力不一致,造成汽车制动跑偏。车身倾斜等原因会造成两侧车轮受到不同的负载,从而产生不同的制动力,造成汽车制动跑偏。

4.汽车行驶无力

1)故障现象

即使将加速踏板踩到底,汽车驱动力也不足,出现加速不良、爬坡无力等现象。

2)故障原因

造成汽车行驶无力的根本原因是发动机动力不足、传动系统传动效率低、车轮受到的阻力过大,具体原因主要如下：

(1)发动机动力不足。
(2)离合器打滑。
(3)变速器缺油或机油变质。
(4)变速器齿轮啮合间隙过小。
(5)万向传动装置万向节、中间支承轴承缺油、锈蚀甚至失效。
(6)主减速器或差速器或半轴的传动齿轮(花键)啮合间隙过小。
(7)驱动桥缺油或机油变质。
(8)轮胎气压严重不足。
(9)车轮制动拖滞。
(10)驻车制动拉索复位不畅,造成后轮制动未完全释放。
(11)轮毂轴承过紧。
(12)前轮定位不正确。

其故障原因分析如图3-27所示。

3)故障诊断方法

汽车行驶无力故障诊断思路如下：

按照故障原因的可能性、检查的难易性,首先应检查轮胎气压是否严重不足。在排除发动机无力的情况下,检查影响传动系统传动效率降低的因素是否存在。最后检查排除车轮受到的阻力过大的因素。

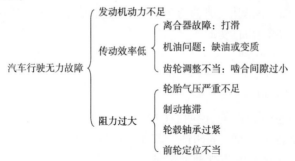

图 3-27　汽车行驶无力故障原因

汽车行驶无力故障的诊断流程如图 3-28 所示。

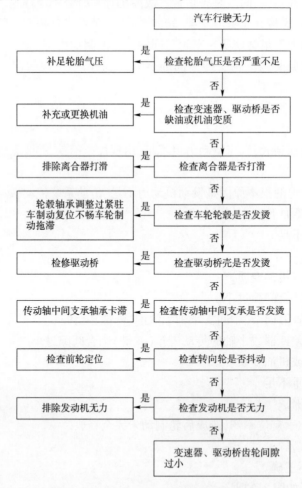

图 3-28　汽车行驶无力故障诊断流程图

5.汽车行驶跑偏

1)故障现象

汽车正常行驶、不踩制动时,必须紧握转向盘才能保持直线行驶,若稍有放松便自动跑向一边。

2）故障原因

造成汽车行驶跑偏的根本原因是汽车车轮的相对位置不正确、两侧车轮受到的阻力不一致。在汽车不制动而正常行驶时，制动拖滞会使所在车轮受到更大的阻力，使汽车向该侧跑偏。装载不均等原因会造成两侧车轮受到不同的负载，从而产生不同的行驶阻力，使汽车向装载较多的一侧跑偏。而轮胎磨损不一致等原因使该轮和同轴车轮与地面的摩擦系数不一致，也会使车轮受到不一致的阻力，造成汽车行驶跑偏。

（1）导致两侧车轮相对位置不正确的具体故障原因有：

①前轮定位不正确。

②汽车两边的轴距不等。

③转向杆系变形。

④前梁、车架发生水平平面内的弯曲。

（2）左、右两侧前弹簧故障：弹力不一或单边松动、断裂导致两侧车轮阻力不一致的具体故障原因有：

①两前轮轮胎气压不等、直径不一或装载质量左、右不均匀。

②车轮有单边制动或拖滞现象。

③两侧前轮轮毂轴承的松紧度不一。

④动力转向系统控制阀故障：控制阀损坏或密封环弹性减弱、阀芯运动不畅或偏离中间位置。

3）故障诊断

在诊断汽车行驶跑偏故障时，可先检查车轮气压、磨损程度是否正常，然后检查制动拖滞、四轮定位、悬架、轴距等。

项目3.6　防抱死制动系统(ABS)警告灯常亮故障诊断

ABS警告灯常亮是汽车制动系统的常见故障之一，通过本项目的训练，可学习汽车ABS常见故障的诊断与维修方法。

通过本项目的学习，应达到以下目标：

（1）掌握ABS警告灯常亮故障的故障原因。

（2）熟悉ABS警告灯常亮故障的诊断流程图。

（3）熟悉ABS故障诊断的一般流程。

（4）能够按规范对ABS警告灯常亮故障进行诊断与排除。

（5）能按照5S要求，对工具、场地进行整理。

一、任务描述

客户来4S店报修最近发现车辆组合仪表上有一个警告灯一直亮着。经过技师检查，初步确认车辆存在ABS系统警告灯常亮故障。车辆在紧急制动时，出现车轮抱死拖滑现象。

为了排除该故障，本项目主要包括以下内容：

(1) 学习 ABS 系统故障诊断与排除的相关知识；

(2) 在实车上对 ABS 系统进行性能测试；

(3) 在实车上对 ABS 系统警告灯常亮故障进行诊断排除；

(4) 完成并填写学习工单的相关项目。

二、故障原因分析

1. 基本认识

1) ABS 基本认识

在车辆紧急制动时，为了达到最佳状态，充分发挥轮胎与路面间的潜在附着能力，目前在轿车上广泛装备了防抱死制动系统(Antilock Braking System, ABS)。

ABS 是在普通制动系统的基础上增加了一套电控系统组成的，主要包括车轮转速传感器、制动压力调节器、ECU 和 ABS 警告装置等，如图 3-29 所示。

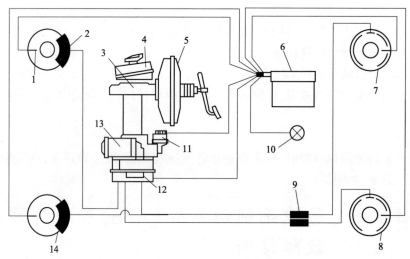

图 3-29 典型 ABS 的组成

1-车轮转速传感器；2-右前制动器；3-制动主缸；4-储液室；5-真空助力器；6-ECU；7-右后制动器；8-左后制动器；9-比例阀；10-ABS 警告灯；11-储液器；12-调压电磁阀总成；13-电动泵总成；14-左前制动器

在 ABS 中，每个车轮上各安置一个转速传感器，将各车轮的转速信号输入 ECU。ECU 根据各个车轮转速传感器输入的信号，对各个车轮的运动状态进行监测和判定，并形成相应的控制指令。制动压力调节器主要由调压电磁阀总成、电动泵总成和储液器等组成一个独立的整体，通过制动管路与制动主缸和各制动轮缸相连，制动压力调节器受 ECU 的控制，对各制动轮缸的制动压力进行调节。

ABS 的作用是，在制动过程中通过调节制动轮缸的管路压力，使作用于车轮的制动力矩受到控制，从而将车轮的滑动率控制在较为理想的范围之内，如图 3-30 所示，防止车轮抱死，使车辆在紧急制动时能保持较好的操纵稳定性并使制动力达到最大。

ABS 都具有自诊断功能，能够对系统的工作情况进行监测。一旦发现存在影响系统正常工作的故障，将自动关闭 ABS，并将 ABS 警告灯点亮，向驾驶员发出警示信号。此时，汽车的制动系统仍然可以像常规制动系统一样进行制动。

ABS 与普通制动系统是密不可分的,普通制动系统一旦出现问题,ABS 就无法正常工作。若 ABS 元件工作不良,系统将造成制动时车轮抱死、ABS 作用时刻不对、放松驻车制动时制动警告灯亮等故障,严重影响行驶安全性。

2) ABS 故障诊断一般步骤

ABS 一般不会出现故障。ABS 的故障大都是由于系统内的接线插头松动或接触不良、导线断路或短路、电磁阀电磁线圈断路或短路、电动泵电路断路或短路、车轮转速传感器电磁线圈断路或

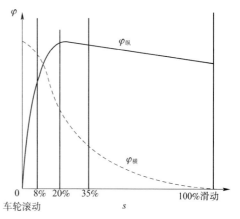

图 3-30　附着系数与滑动率的关系
φ-附着系数;s-滑动率

短路、继电器内部发生断路或短路,以及制动开关、液位开关和压力开关等不能正常工作引起的。另外,蓄电池电压过低、车轮转速传感器与齿圈之间的间隙过大或受到泥污沾染、储液室液位过低等也会影响系统的正常工作。

当 ABS 的警告灯(包括防抱死警告灯和制动警告灯)持续点亮时,或感觉 ABS 工作不正常时,应及时对系统进行故障诊断和排除。在故障诊断和排除时应该按照一定的步骤进行,才能取得良好的效果。故障诊断与排除的一般步骤如下:

(1)确认故障情况和故障症状,选择一断平直的良好路面,在 >40km/h 的车速下,紧急制动,若 ABS 性能不良,轮胎拖痕会有一条很明显的黑印。

(2)对系统进行直观检查,检查是否有制动液渗漏、导线破损、插头松脱、制动液液位过低等现象。

(3)读取故障代码,既可以用解码器直接读取,也可以通过警告灯读取故障代码,然后,再根据维修手册查找故障代码所代表的故障情况。

(4)根据读取的故障情况,利用必要的工具和仪器对故障部位进行深入检查,确诊故障部位和故障原因。

(5)排除故障。

(6)清除故障代码。

(7)检查警告灯是否仍然持续点亮,如果警告灯仍然持续点亮,可能是系统中仍有故障存在,也有可能是故障已经排除,而故障代码未被清除。

(8)警告灯不再持续点亮后,进行路试,确诊系统是否恢复正常工作。

在故障诊断和维修过程中,应该注意到:不仅不同型号的汽车所装备的 ABS 可能不同,即使是同一型号的汽车,由于生产年份不同,其装备的 ABS 也可能不同。

3) ABS 常见故障及部位

ABS 常见故障有 ABS 警告灯常亮、ABS 作用时刻不对等。故障常发部位包括车轮转速传感器、制动液面开关、ECU 供电与搭铁、液压调节装置中的电磁阀等。

2. ABS 警告灯常亮故障原因分析

下面以丰田卡罗拉轿车为例,对该故障进行分析,其 ABS 警告灯电路图如图 3-31 所示。

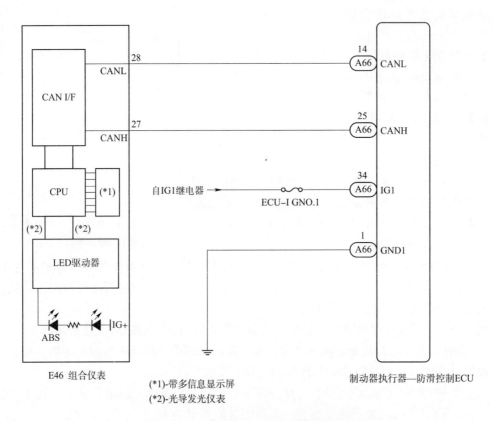

图 3-31 丰田卡罗拉轿车 ABS 警告灯电路图

卡罗拉轿车防滑控制 ECU 通过 CAN 通信系统连接到组合仪表。

如果检测到下列任一情况，ABS 警告灯一直亮起且多信息显示屏（带多信息显示屏的车辆）显示警告信息：防滑控制 ECU 连接器从防滑控制 ECU 上断开；防滑控制 ECU 内部电路出现故障；组合仪表和防滑控制 ECU 之间的线束出现断路；ABS 控制系统有故障，如传感器、ECU、执行器及其控制电路有故障时，ECU 将记录下故障代码，同时黄色 ABS 警告灯亮，ABS 将不能正常工作。

三、故障诊断与排除

ABS 警告灯常亮故障诊断的流程如图 3-32 所示。

四、案例剖析

1. 案例一　雷克萨斯 ES350 汽车 ABS 故障灯常亮

1）故障现象

一辆雷克萨斯 ES350 汽车，搭载 2GR-FE 发动机。行驶里程 15 万 km。车辆因事故在 4S 店进行维修后，发现 ABS 故障灯和驻车制动灯异常点亮。

2）故障诊断

起动车辆，发现发动机故障灯和 ABS 故障灯异常点亮。检查制动液，无任何异常，使用诊断仪进入 ABS,发现 ABS 无法进入。于是参照电路图检查 ABS 的电源和搭铁,包括其通信线路,发现搭铁线不良,最终发现其搭铁线路出现断路的情况。重新连接后,可以正常进入 ABS,无任何故障代码存在。于是进行试车,刚行驶没一会儿,ABS 故障灯再次异常点亮,再次使用诊断仪进行查看,发现存有故障代码 C1251(泵电动机电路故障)。此为当前故障,保存其故障代码,尝试删除故障代码,可以正常删除。再次尝试试车,才刚刚起步,ABS 故障灯再次点亮,说明故障当前就存在。

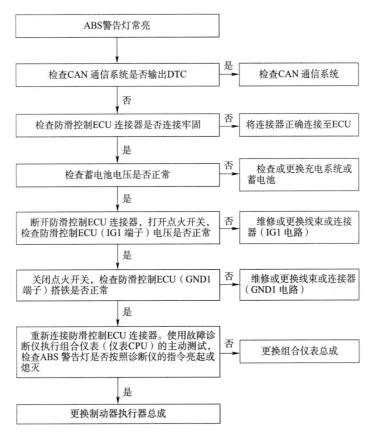

图 3-32　ABS 警告灯常亮故障诊断流程图

故障可能原因有:
① 泵电动机供电问题。
② 泵电动机搭铁问题。
③ 泵电动机本身(防滑控制 ECU)问题。

内置在 ABS 防滑控制 ECU 的泵电动机,主要是负责 ABS、TRC、VSC 或者 BA,在它们任一系统工作时,防滑控制 ECU 会接通 VSC 继电器并激活制动执行器中的泵电动机。控制图如图 3-33 所示。

首先测量其泵电动机的电源是否良好,打开发动机舱,拔下 VSC NO.1 号继电器,测量其继电器的 5 号端子与搭铁的电压为 12V,说明其 1 号 ABS 的熔断丝是良好的。为了快速判断泵电动机的供电端子 BM 在工作时是否存在 12V 的电压,决定直接使用万用表测量其防滑控制 ECU 的 2 号端子 BM 的电压,将电源模式切换至 IG 的状态下,测量其 2 号端子 BM 与搭铁的电压为 0V,异常。难道是泵电动机的供电线路存在问题?正常情况下,应该有 12V 的电压输入才对,正准备仔细排查泵电动机的供电线路,发现了一个问题,想要泵电动机有输入电压,必须要接合 VSC 继电器才可以,而 VSC 继电器的接合只有在 ABS、TRC、VSC 或者 BA 工作时,才会接合 VSC 继电器,从而输出 12V 电压到泵电动机本身,而 VSC 继电器本身是否工作不取决于电源模式的开关,说明刚才的测量不正确。

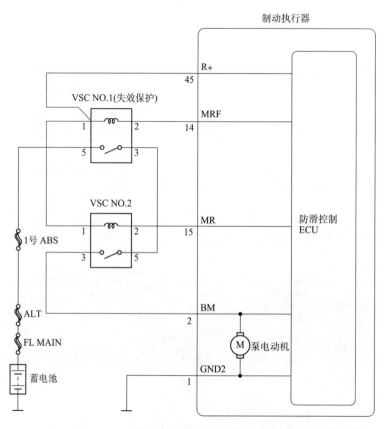

图 3-33 防滑控制电路图

让 VSC 继电器工作,最快速的判断就是直接使用诊断仪进行驱动,重新连接 ABS 的插头,使用诊断仪进入 ABS 系统的主动测试后,进入 Motor Relay(ABS 泵电动机继电器),从而直接驱动 VSC 继电器的打开和关闭,控制将其打开,再次使用万用表测量其 2 号端子 BM 与搭铁的电压,为 11.6V,无任何异常,说明其泵电动机的供电是良好的。另外,也发现了异常,虽然说测量的电压是良好的,但是泵电动机在做主动测试的同时,泵电动机始终没有工作的声音。接着,将 ABS 的插头拔下来,测量其 1 号端子与搭铁的通断与电阻,电阻为 0.5Ω,正常。说明泵电动机的搭铁也是良好的,通过以上测量,可以判断的是泵电动机的电源和搭铁的线路是良好的,那只有可能是泵电动机本身的问题,决定使用万用表测量其泵电动机的电阻,测量其内在 1 号和 2 号端子,发现电阻只有 0.3Ω,明显存在异常,测量其他同型号车辆的泵电动机电阻,为 1.5Ω 左右。说明本身泵电动机损坏,导致其无法工作。

于是,更换其防滑控制 ECU 总成(内置的泵电动机)后,故障排除。

3) 故障小结

为什么删除故障代码后,在刚起步就会出现故障代码呢? 因为在发动机开关置于 ON(IG)位置且制动灯开关关闭时,如果以 6km/h 或更高的车速信号输入到防滑控制 ECU,ECU 将执行电动机和电磁阀电路的自诊断,来判断系统是否工作正常。

2. 案例二　奥迪 Q7 汽车 ABS 故障灯报警

1) 故障现象

一辆 2016 年款奥迪 Q7 汽车,配置 3.0TFSI 发动机(CREC)、0D5 变速器。行驶里程 2000km。仪表 ABS 报警灯亮。

2) 故障诊断

连接大众故障诊断仪,进入 03 ABS 制动器电子控制单元,读取故障码"C050900　右前轮速传感器对正极短路(偶发)",其他一些控制单元都有故障代码"U041500　ABS 制动器控制单元不可信信号"。

因为该车在雨天行驶时,组合仪表 ABS 故障灯报警,天气好转后故障消失,且每次出现故障都是在雨天,非常有规律。

检查右前轮速传感器的插头和导线无异常,检查 ABS 控制单元的插头和导线也未发现异常,此刻维修技师试换右前轮速传感器,无效,故障依旧。

因车主描述该故障只有在下雨时才会出现,为模拟故障现象,将车辆开到洗车场,对车辆进行长时间冲水,冲水一段时间后 ABS 电控系统报故障代码 C050900。

根据诊断仪诊断系统引导型故障查询提示,断开 ABS 控制单元的插头(同时断开 G45 轮速传感器插头),用万用表跨接测量右前轮速传感器 G45 的两根导线有 0.52V 电压,按照大众诊断仪系统屏显要求,该电压必须低于 0.5V。

将车辆停放一会儿后,检测该电压,逐渐降低为 0,此现象比较符合车主所描述的天气好了故障就会消失的情况。

G45 导线上的电压又从何而来? 该导线在车身主线束内,由于线束走向不明,外包胶管,检查有难度。

此时,维修技师又断开蓄电池正极桩头,同时断开 ABS 控制单元插头,分别测量 G45 的两根导线与蓄电池正极端有 20kΩ 以上的电阻,原则上该电阻应该无穷大,尽管电阻值比较大,说明 G45 导线与正极有潜在的隐藏接触电阻。

汽车中的电气系统较为复杂,为了保护不同的电气电路,会将电源进行一定程度的隔离,即使用熔断丝盒作为保护各个负载的手段,这也导致了汽车电子模块往往会经受到更多潜在的电路路径的侵袭,导致很多本不该存在的情况。

根据故障现象,可以推断该故障并不是某个由元器件失效引起的。

有三种可能:

(1) 由系统设计方案中非预想的状态引起的,此状态下,系统会存在着某些汽车电气设计者未认识到的电路回路,不同程度地传递某种能量流、信息流或控制流,系统的有关部分一旦被这些潜在流所激发,就会产生非预期的功能或抑制预期的功能,引起系统失效。

(2) 电磁干扰,也就是传导干扰和辐射干扰,传导干扰是通过导线等器件将电磁噪声的能量传递到其他电路中,辐射干扰是通过辐射干扰源以电磁波的形式在空间中转播。

（3）线路破损。

奥迪汽车是国际知名品牌，设计优良，工艺先进，制作精细。规避潜在电路回路一定被考虑在设计之中，另外电磁兼容测试也应该符合设计要求。

那么，ABS 的 G45 右前轮速传感器两根导线间的 0.52V 电压又是从哪里来的？在线束中一定存在着某些蹊跷，是否存在第三种可能。

为了解开这个迷，维修技师对主线束一一进行检查，沿着主线束进入前排水槽内，扒开主线束的外裹胶布后，果然发现 G45 的两根导线有破皮现象。

G45 的两根线束已经露铜了，检查其附近其他的线束均没有发现表皮破损。

将 G45 两根破损的线束用防水胶布包好，外面再用黄蜡管封装好，重新包好主线束并安装到原位。试车没有发现异常，经过车主多次雨天行驶后反馈，再也没有发现 ABS 灯亮。

3）故障总结

该车 G45 线束为什么会破损？一种可能是主线束制作过程中工作人员在用刀割断外面包带时，其正好划到 G45 线束，让两根线束不同程度受损露铜。

正因为 G45 传感器线束破损，特别是雨天，该线束又处在排水槽内，水慢慢渗透到主线束中，与其包在一起的平行主线束之间有主电源线，存在一定电磁干扰，G45 两根线露铜点被水导体包围，形成了电感应的耦合通道，使有负载的电源线对 G45 传感器产生了电磁干扰，从而影响了 G45 信号线的正常工作。并且该传感器 G45 的感应电压大于了 ABS 标定的域值，因此报故障代码。

此处，再次强调电磁干扰有三要素：

（1）干扰源：这里是平行的电源线。

（2）转播路径：水是导体，形成了耦合通道。

（3）受扰体：破损的线。

五、知识拓展

ABS 作用时刻不对。

（1）故障现象。

高速时紧急制动，ABS 没有工作，车轮出现抱死现象，但当车辆即将停止时，ABS 开始工作，在踏板上有较强的反弹振动感，制动警告灯与 ABS 故障指示灯显示正常。

（2）故障原因。

ABS 的作用时刻是在一定的车速下紧急制动。车轮即将抱死时，当车速低于某一值（约15km/h）后，即使车轮抱死也不会起作用（因为车速低，不会出现侧滑和甩尾现象，所以没有必要工作）。低速制动时，ABS 起作用，一般是由于车轮转速传感器产生的信号失准（但在其值域控制区内，故不报警）使 ECU 错误地进入起作用状态。解决的方法一般是将传感器进行清洁、调整或更换。

单元四　汽车电气系统故障诊断

汽车电气系统是汽车的重要组成部分,当汽车电气系统发生故障时,就会严重影响到汽车的运行功能甚至安全性能。因此,如何快速、准确地判断汽车电气系统发生故障的原因及位置,并及时采取有效的维修措施,已经成为汽车维修人员需要解决的重要课题。汽车电气系统包括电源系统、点火系统、照明信号系统、仪表系统、空调系统、各项电气辅助系统等。本单元安排了两个项目,即空调制冷不足故障诊断和灯光不亮故障诊断。通过这两个项目的学习和训练,掌握空调制冷系统及灯光系统的常见故障诊断与排除方法。

项目4.1　空调制冷不足故障诊断

汽车空调系统是汽车电气系统的重要组成部分之一。在日常的汽车空调系统维修中,空调系统制冷不足故障是最常见的故障之一,通过本项目的训练,可学习空调制冷系统常见故障的诊断与排除方法。

通过本项目的学习,应达到以下目标:
(1)掌握引起空调制冷不足的故障原因。
(2)熟悉空调制冷不足故障的诊断流程图。
(3)了解空调不制冷、异响和噪声故障原因。
(4)能够按规范对空调系统压力进行检测。
(5)能够按规范对空调制冷不足故障进行诊断与排除。
(6)能按照5S要求,对车辆、工具、场地进行整理。

一、任务描述

客户来4S店报修车辆空调系统冷气不足。接车后,技师连接空调歧管压力表,起动车辆,将空调设置为最快速制冷状态,即鼓风机风速最高、温度最低、内循环、正面出风、所有门窗关闭、发动机转速1500r/min。约15min后,读取制冷系统的压力,高压侧压力为0.75MPa,低压侧压力为0.24MPa。用手摸制冷系统的低压管管路,无冰凉的感觉,也没有水珠析出。用温湿计测量出风口温度约16℃。很明显,该车空调制冷的确不足。根据上述测量数据,初步判断该车辆的空调系统存在制冷循环量不足,可能由于系统泄漏导致。

为了排除该故障,技师应完成以下内容:
(1)掌握空调制冷循环的组成和原理。
(2)掌握空调系统的压缩机、冷凝器风扇和鼓风机的电路控制原理。
(3)在实车上对空调系统压力进行检测。
(4)在实车上对空调制冷不足故障进行诊断排除。
(5)完成并填写学习工单的相关项目。

二、故障原因分析

1. 基本知识

1) 基本组成

汽车空调是汽车车厢内空气调节的简称,其作用是在封闭的空间内(驾驶室或车厢)调节车内的_____、_____、气流速度、空气洁净度等。汽车空调主要由_____系统、_____系统、通风系统、空气净化系统以及电子控制系统五大系统组成。

现代汽车空调根据制冷系统中所采用的节流元件不同分为膨胀阀式和膨胀管式,其基本组成如图4-1所示,示意图如图4-2所示。

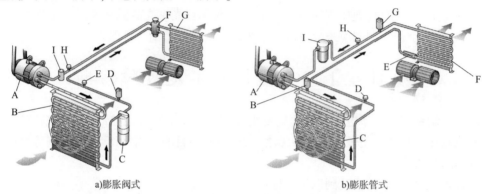

a)膨胀阀式　　　　　　　　　　　b)膨胀管式

图4-1　制冷循环系统组成图

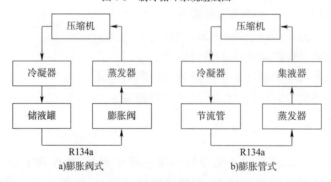

a)膨胀阀式　　　　　　　　　　　b)膨胀管式

图4-2　制冷循环系统示意图

观察图4-1,并在表4-1中填写相应的部件名称以及各部件出口制冷剂温度压力和物态(要求写出具体的温度和压力数值)。

表4-1　部件编号和名称

部件编号	名　称	部件出口制冷剂温度、压力和物态
A		
B		
C		
F		
G		

图 4-1a)中,标示为 E 的是_____,标示为 H 的是_____,标示为 F 的部件是_____类型的。图 4-1b)中,标示为 E 的是_____,标示为 I 的是_____。

2)制冷循环原理

膨胀阀式制冷循环系统的工作原理为,压缩机将低温低压(1~4℃,0.15~0.3MPa)的制冷剂气体压缩为高温高压(70℃,1.3MP~1.5MPa)的制冷剂气体,目的是使制冷剂比较容易液化放热。高压的气态制冷剂进入冷凝器,冷凝器风扇使空气通过冷凝器的缝隙带走制冷剂放出的热量,从而使制冷剂转变为中温高压(50℃,1.3~1.5MPa)制冷剂液体。液化后的制冷剂进入储液干燥罐,过滤掉其中的杂质、水分,同时存储适量的液态制冷剂以备制冷负荷发生变化时制冷剂不会断流,从储液干燥罐出来的制冷剂流至膨胀阀,经过膨胀阀中的节流孔的节流降压作用转变为低温低压(-5℃,0.15~0.3MPa)的雾状制冷剂。雾状制冷剂进入蒸发器,由于节流降压作用,低压的制冷剂很容易蒸发,吸收热量,鼓风机使空气不断通过蒸发器的缝隙,使其温度下降,车内温度降低,蒸发器出来的气态制冷剂再进入压缩机重复上述过程。需要说明的是,各部件出口的温度和压力与制冷剂的数量、车外环境温度和车内温度(热负荷)有关。这种循环系统中的膨胀阀可以根据制冷负荷的大小调节制冷剂流量。

膨胀管式的制冷循环系统从制冷的工作原理来看,与膨胀阀式的制冷循环无本质的差别,只不过将可调节流量的膨胀阀换成不可调节流量的膨胀管,使其结构简单。由于其不能调节流量,蒸发器出口可能有液体制冷剂进入压缩机,造成液击。为此,装有膨胀节流管的循环系统,必须在蒸发器出口和压缩机进口之间安装一个集液器(又称气液分离器)。

3)基本控制原理

不管什么车型的空调,控制对象都包括压缩机、鼓风机、冷凝器散热风扇及风门电动机,如果是基于水调节结构的温度调节系统,控制对象还有热水阀。

(1)压缩机控制。

在控制电路中,对压缩机的控制主要是对压缩机电磁离合器和(或)电磁阀进行控制。对于压缩机电磁离合器的控制,主要是控制电磁离合器的通断;对于压缩机电磁阀的控制,主要是控制电磁阀的电流,控制信号为脉宽调制信号(PWM)。

压缩机电磁离合器接通需以下条件同时满足:制冷剂高压压力无过高或过低、环境温度高压一定值、蒸发器温度高压一定值、发动机冷却液温度不过高、发动机未出现急加速工况、发动机转速不过高或过低、压缩机未发生机械卡死、蓄电池电压高于一定值等。

影响压缩机电磁阀电流大小的信号主要有:人工设定温度、车外温度、车内温度、出风口温度、蒸发器温度、制冷剂高压压力、发动机转速、车速等。PWM 控制信号占空比越大,电磁阀电流越大,压缩机排气量越大。

不同车型的自动空调系统中,控制压缩机的控制单元不同,有散热风扇控制单元、动力控制单元、空调控制单元和车身控制单元等。

(2)鼓风机控制。

手动空调系统是通过改变和鼓风机串联电阻的大小来实现调速的,属于有级调速。在自动空调系统中,鼓风机带有控制单元,是由鼓风机控制单元进行无级调速,区别于手动空调系统的串联电阻式调速。鼓风机的转速调节是由空调控制单元(有的车型上是车身控制单元)根据接收到的各传感器的信号向鼓风机控制单元发出指令,再由鼓风机控制单元控制鼓风机的转速。

鼓风机无级调速控制电路主要有三种类型。

①鼓风机控制单元和空调控制单元之间由两条线路连接,一条是空调控制单元向鼓风机控制单元发送的 PWM 调速信号,另一条是由鼓风机控制单元向空调控制单元发送的诊断反馈信号。

②鼓风机控制单元和空调控制单元之间只有一根线路连接,只有一条 PWM 调速信号,并无诊断反馈信号线。

③空调控制单元(或车身控制单元)和鼓风机控制单元之间为 LIN 线控制。不管是哪种类型,鼓风机控制单元控制鼓风机的信号都是 PWM 信号。PWM 信号占空比越大,鼓风机风速越高。

(3)冷凝器散热风扇控制。

由于发动机散热器和空调冷凝器共用散热风扇,因此,影响散热风扇转速的主控信号为发动机冷却液温度和空调制冷剂高压压力,一般是由发动机控制单元控制。按控制方式来分,散热风扇一般可分为继电器控制型和模块 PWM 控制型;按风扇挡位来分,可分为有级控制和无级控制。

(4)风门电动机调速。

在空调系统中,风门电动机有两种类型,一种是带电位计的风门伺服电动机,另一种是无电位计的风门步进电动机。

每个带电位计的风门伺服电动机都有 5 根线和空调控制单元相连,其中 2 根是伺服电动机和空调控制单元连接的线,另外 3 根是电位计和空调控制单元连接的线。伺服电动机和空调控制单元连接的线是由空调控制单元控制伺服电动机的供电和搭铁线。电位计和空调控制单元的连接的 3 根线为:空调控制单元给电位计供电的线、空调控制单元给电位计搭铁的线、电位计反馈给空调控制单元电动机位置的信号线。

对于步进电动机式的风门电动机,所有的风门电动机都是同一种规格,它们通常是通过 LIN 线串联连接。

由于轿车一般采用发动机余热来取暖,所以暖风系统故障率相对较低,而空调制冷受发动机负荷、温度等多种因素影响,所以故障较多。制冷系统常见故障类型有不制冷、制冷不足及异响等。引起这些常见故障的原因大体可以归纳为和机械制冷控制系统、进气风门控制系统、空调电气控制系统及发动机系统有关。对于机械制冷控制系统常见故障点为制冷剂泄漏、压缩机磨损、冷凝器表面脏堵或呈倒伏状、膨胀阀及储液干燥器堵塞等。进气风门控制系统常见故障点为风门机构故障、空调滤芯堵及鼓风机控制电路故障灯。空调电气控制系统常见故障点为相关控制线路故障。发动机系统常见故障点为冷却液缺少、节温器故障、水泵故障及散热器故障等。

2. 空调制冷不足原因分析

空调制冷不足常见故障原因分析如下:

(1)制冷剂量过多。制冷系统内制冷剂量过多一般是由于维修人员在维修汽车空调时加注过多造成的。加入过多的制冷剂,一方面会造成制冷系统低压侧压力升高,制冷剂的沸点升高,不利于制冷剂在蒸发器处蒸发;另一方面,过多的制冷剂进入蒸发器,超出蒸发器的吸热能力,进入蒸发器的液态制冷剂来不及吸热蒸发。根据制冷系统的工作原理,制冷剂在蒸发器处只有液态到气态的物态转化才会有大量的热交换。制冷剂过多导致制冷剂在蒸发中没有大量的物态转化,不会有大量的热交换,从而导致制冷不足。

(2)制冷剂量过少。制冷系统内制冷剂量过少大多是由于制冷循环泄漏造成的,也有可能是维修人员维修汽车空调时加注过少造成的。由于制冷循环系统内制冷剂量过少,在蒸发器内的蒸发量减小,吸收的热量随之下降,从而制冷不足。

(3)制冷系统中有空气。制冷系统中一旦有空气,由于空气不可压缩,会造成压缩机负荷加重,形成的气阻使制冷剂循环受阻,导致制冷系统高低压侧压力过高,引起制冷不足。此类故障主要是由于维修过程中抽真空不彻底,或者制冷系统密封性变差造成的。

(4)制冷系统存在堵塞。倘若在制冷系统中,制冷剂和冷冻机油含有的脏物过多,会导致储液干燥器的过滤网、膨胀阀或管路较细之处出现堵塞,或者冷凝器挤压变形造成堵。制冷系统堵塞会导致制冷剂流通受阻,从而流向膨胀阀的制冷剂数量会减少,导致制冷不足。

(5)制冷系统存在冰堵。制冷系统中的储液干燥器内的干燥剂处于吸湿饱和状态时,则无法完全干燥制冷剂中的水分。制冷系统的温度最低点出现在膨胀阀的出口,一般温度会降低至-3℃左右,该温度低于水的凝固点。因此,制冷剂中的水分在膨胀阀的出口处会结冰,导致制冷剂流通不畅,阻力增大,制冷不足,重则完全不流动,不制冷。

(6)冷凝器散热能力下降。发动机散热器和空调冷凝器供用冷却风扇,冷凝器一般安装在发动机散热器前面,冷却风扇装在散热器后面。冷凝器容易受到外界自然因素的影响,比如树叶、泥沙、尘土等杂物很容易落到冷凝器表面,使其散热能力下降。如果发动机散热器内部管路堵塞、外部被毛絮灰尘覆盖或散热片大面积呈倒状时,也会导致冷凝器散热不良。冷凝器和散热器相互接触等也会导致冷凝器散热不良。另外,冷凝风扇不转或转速很低,包括高压传感器故障等,都会导致冷凝器散热能力下降。当冷凝器散热能力下降时,制冷系统高低压侧压力会偏高,制冷不足。

(7)压缩机内部损坏。压缩机内部磨损、阀片损坏、轴承损坏或衬垫泄漏等,会导致压缩机功率下降,从而引起制冷不足。

(8)压缩机传动带过松。压缩机传动带过松,会导致压缩机工作时打滑,引起传动效率下降,使压缩机转速下降,从而制冷功率下降,制冷不足。

(9)压缩机电磁离合器频繁切断或电磁阀电流减小。在带电磁离合器的压缩机中,因为发动机冷却液温度或空调系统压力不正常,或者蒸发箱温度传感器或温控开关失灵、阻值超出范围等情况,造成压缩机电磁离合器频繁切断,引起制冷不足。在带电磁阀的压缩机中,由于上述条件导致空调控制单元控制压缩机电磁阀电流减小,引起制冷不足。

(10)出风量不足。凡是引起出风量不足的一切因素,均可以导致空调制冷不足。出风量不足的原因有:鼓风机自身、鼓风机开关、鼓风机调速模块或鼓风机相关控制电路等故障导致鼓风机各挡位出风量不够或鼓风机只有低速挡,引起出风量不足;空调滤芯堵塞,导致透风率低;送风管堵塞;蒸发器通风道脏堵或表面结霜;出风模式风门分配机构、出风模式风门电动机、风门电动机相关控制电路等故障,导致风从除霜、面部、脚部分流而出,导致吹向面部的冷气气流过少,制冷不足;内外循环风门机构、内外循环电动机或内外循环电动机相关控制电路故障,使得空调始终处于外循环状态,让外界过多的热气吹进驾驶室内,驾驶室内的温度始终降不下来,制冷效果变差;温度混合风门机构、混合风门电动机或混合风门电动机相关控制电路故障,导致制冷时未能完全关闭通过加热器芯的通道,从而引起制冷不足。

(11)发动机曲轴带轮橡胶缓冲块老化断裂。带橡胶缓冲块的曲轴带轮,橡胶缓冲块老化断裂,无法完全输出发动机动力,打开空调开关时,空调传动带打滑造成空调压缩机间断性工作,制冷不足。

(12)制冷剂成分。如果制冷剂纯度低,掺杂了其他成分的劣质制冷剂,不仅会导致制冷效果变差,还会损坏压缩机,造成环境污染。

根据上述空调制冷不足原因分析,可以将引起空调制冷不足的原因归类于四部分,即制冷循环系统自身、空调电子控制系统、通风配气机械部分和发动机相关部分。

制冷循环系统自身引起空调制冷不足故障原因分析思维导图如图 4-3 所示。

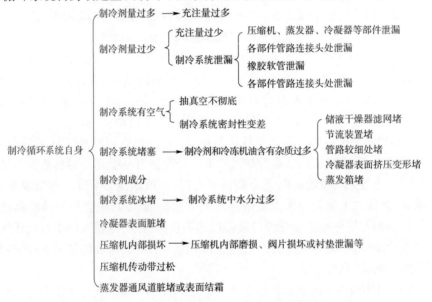

图 4-3　制冷循环系统自身引起制冷不足思维导图

空调电子控制系统引起空调制冷不足故障原因分析思维导图如图 4-4 所示。

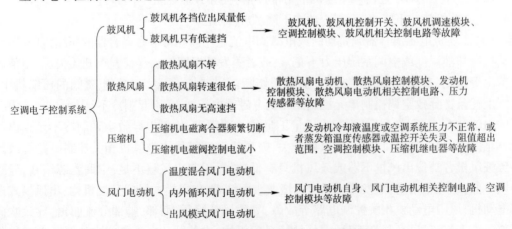

图 4-4　空调电子控制系统引起制冷不足思维导图

发动机相关部分引起空调制冷不足故障原因分析思维导图如图 4-5 所示。

发动机相关部分
- 曲轴带轮橡胶缓冲块老化断裂
- 发动机散热器内部管路堵塞
- 发动机散热器外部被毛絮灰尘覆盖或散热片大面积呈倒状

图 4-5　发动机相关部分引起制冷不足思维导图

【课堂演练】

根据上述故障原因分析,完成通风配气机械部分引起制冷不足故障原因分析思维导图,如图 4-6 所示。

通风配气机械部分
- 内外循环风门机构故障
- ________风门机构故障
- ________风门机构故障
- 送风管堵塞
- ________堵塞

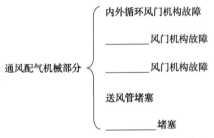

图 4-6　通风配气机械部分引起制冷不足思维导图

三、故障诊断与排除

对空调制冷不足故障进行维修时,对上述引起空调制冷不足的故障原因诊断先后顺序要根据车辆实际情况来决定。对于现代空调系统,一般都会有自诊断功能,先利用自诊断功能,如读取故障代码、数据流、元器件动作测试等,依据对获取信息的分析结果确定维修方向。一般要根据故障现象、故障代码和人工经验对空调制冷不足故障进行综合诊断,还应遵循由简到繁、由易到难、由表及里的原则。空调制冷不足故障诊断流程如图 4-7 所示。

四、案例剖析

1. 案例一　别克商务车空调制冷不足

1)故障现象

2011 年别克陆尊商务车,搭载了 2. 4L LE5 发动机和 6T45 自动变速器,累计行驶 137501km。客户到店反映一旦室外环境温度高于 30℃,室内空调制冷效果就不好,室外温度稍低时,感觉空调效果还行,但也只能勉强够用而已。

2)故障诊断与排除

起动发动机,打开空调 A/C 开关,选择内循环,鼓风机在最高挡位置,温度设置最低,检查发动机的散热电子风扇,运转正常,发动机的冷却液温度在中线位置,水温正常。用手触摸前空调蒸发器(该车配置了前后双空调)的低压连接管路,有微微的凉意,但没有冰手的感觉。制冷剂也按标准的 1000g 重新加注,但空调效果和没有维修之前相比没有任何变化,于是进行进一步的检修。

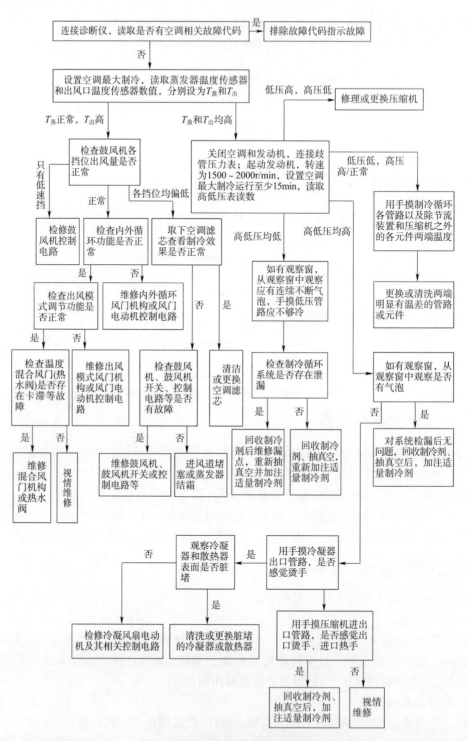

图 4-7 空调制冷不足故障诊断流程图

关闭空调,连接歧管压力表,然后起动发动机,打开 A/C 开关,选择内循环,鼓风机在最高挡位置,温度设置最低,关闭门窗,5min 后读取歧管压力表高低压示数和出风口温度。此时,空调系统的高压压力为 1.6MPa,低压压力为 0.3MPa,环境温度为 30.6℃,出风口测量出的温度为17.3℃。

参照环境温度和空调压力对应数据表(表4-2),此时车辆的高压压力应在1.1MPa左右,低压压力应在0.25MPa左右,出风口温度应该在10℃以下。明显该车空调高、低压压力均偏高,出风口温度也偏高。制冷剂的加注量也是标准的1000g,发动机温度在正常范围内,而空调系统的高、低压压力还是偏高,那只能是车辆的热负荷过高、车辆不密封或有过量的热源进入室内。

环境温度和空调压力数据对应表　　　　　　　　　　　　　　　　　表4-2

环境温度(℃)	高压压力(MPa)	低压压力(MPa)
15	0.5~0.7	0.08~0.12
20	0.6~1.0	0.10~0.14
25	0.9~1.2	0.13~0.18
30	1.0~1.4	0.18~0.23
35	1.3~1.8	0.20~0.28
40	1.6~2.2	0.27~0.35

查看车辆密封是否良好,开启内循环模式,检查发动机舱防火墙的密封性时,感觉刮水器下面的外循环风口有呼呼的气流声,用A4纸摆在上面吸力很强。说明虽然在内循环模式,但仍然有大量的外界热源进入室内,初步怀疑内外循环风门机构或风门电动机控制电路故障。于是拆下A柱两边装饰板、仪表台上面靠近前风窗玻璃处的大装饰板,检查内外循环风门,发现此时完全处于外循环模式。接着连接诊断仪,读取空调相关故障代码,无故障代码存在。

查阅原厂维修手册,找到内外循环风门电动机相关电路图(图4-8)。从连接电路可以看出,内外循环风门电动机上总共是五根线,两根电动机控制线分别为5号插脚的深绿线和6号插脚的棕黄线,三根风门位置传感器线分别为8号、9号、10号插脚的灰色、黄色、紫色线。调节内外循环开关,在内外循环模式下分别用万用表检测5、6号接脚,均有12V电压,只是电源极性相反,说明空调面板能够正常调节电动机正反转,但是就是电动机不工作。检查风门电位计的8、9、10号接脚分别为5V、搭铁、信号线,检查均正常。至此,说明空调控制模块到内外循环电动机线路完好。更换损坏的内外循环风门控制电动机,内外循环能够正常打开和关闭。

安装仪表台上面靠近前风窗玻璃处的大装饰板、A柱两边的装饰板。进行空调性能检验,制冷系统运5min后,空调系统的高低压压力分别为1.1MPa和0.22MPa,室内出风口温度降至4.6℃。

3)故障小结

该车的空调系统高、低压压力过高,制冷效果不好,从表面来看是制冷剂加注过多或者散热不好造成的,但在实际维修过程中一定要考虑到车辆内部热负荷过大的因素,而热负荷过大除了门窗没有关好、驾驶室漏风外,最主要的就是温度混合风门和内外循环的风门是否正常工作,并且各车型的内外循环设计又都不一样,在维修中一定要注意。

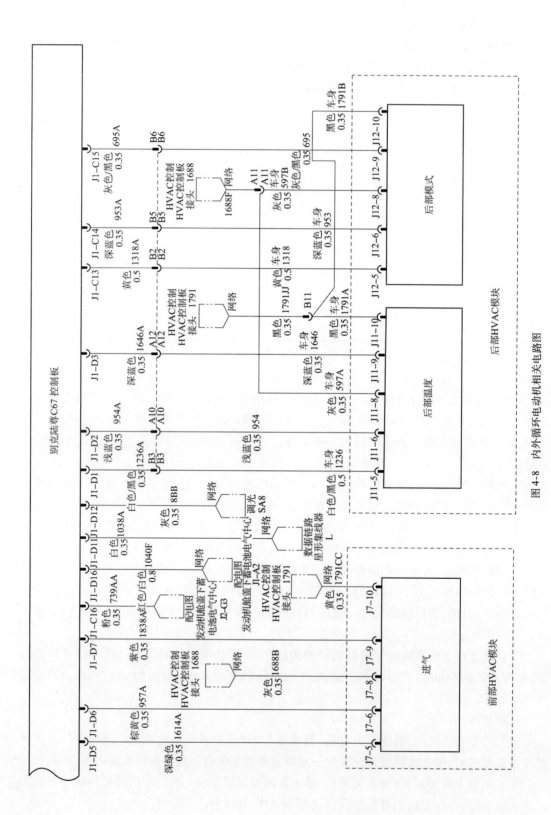

图 4-8 内外循环电动机相关电路图

内外循环风门通常都设置在仪表台里面,不好观察。但大家可以通过这样一种方法来判断:发动车辆,选择内循环模式,鼓风机风速调到最高挡,用手或者纸片放在前风窗玻璃下方外循环进口感觉是否有气流通过。如果有,那就说明内外循环不能正常工作,要仔细检修。

2. 案例二　大众 POLO 汽车空调制冷效果时好时坏

1) 故障现象

有一辆大众 POLO 汽车,空调运行时,感觉车内送风一阵凉,一阵不凉,空调制冷效果时好时坏。

2) 故障诊断与排除

根据维修经验,像这种空调制冷效果时好时坏的故障,既可能是电路方面引起的,也可能是空调制冷系统相关部件引起的。为了进一步确认故障部位,连接歧管压力表,起动发动机,开启空调并设置最大制冷状态,发动机转速控制在 1500~2000r/min 之间。空调运行一段时间后,高压表显示基本正常,而低压表指示接近零,压力表的指针产生不规则的剧烈摆动,无法读清具体数值,初步诊断为制冷循环系统中有水分形成冰堵。因为冰堵将会阻碍制冷剂在管路中的循环流动,一旦冰塞融化,制冷系统便又恢复正常循环工作。冰塞现象往往会发生在制冷系统内部通道截面面积较小的位置,易于堵塞的部件绝大部分处于制冷系统的高压侧,例如储液干燥器、膨胀阀的滤网等。

仔细查看高压管路,发现膨胀阀附近有轻微结霜现象。当制冷系统内部存在水分或干燥剂吸湿能力达到饱和后,往往会出现空调制冷效果时好时坏的现象。据车主反映,该车以往曾发生过撞车事故,更换过冷凝器和部分空调管路,大概在安装检修、更换制冷系统部件时,空气进入了空调系统中。

更换储液干燥器,对空调系统反复抽真空,直到排出制冷系统中的水分,再充注适量制冷剂。之后起动发动机试车,空调运转正常,制冷效果良好,故障排除。

五、知识拓展

1. 空调不制冷故障

在日常汽车空调维修中,空调不制冷是常见的故障之一。可以将影响空调不制冷的所有故障原因归纳为和四个部分有关,即机械制冷控制系统、进气风门控制系统、空调电气控制系统及电控系统模块保护。

当空调系统不制冷时,上述四个部分的诊断先后要根据车辆实际情况来决定。如果无法确定,那就由简到繁、由外到内,也就是从机械制冷系统和进气风门系统开始。举例来说,当客户报修空调不制冷故障时,可以通过简单目测和手动打开空调制冷开关、鼓风机开关、风门调节开关来快速确定首先从哪个系统进行诊断与维修。如果鼓风机不工作、出风口风量很小、风门机构调节失灵,那就先从进气风门控制系统检查维修。如果空调低压管没有冰冷的水珠析出,空调压缩机不工作,那就要从机械制冷系统和空调电器控制系统入手检查是否有故障。如果正常,再检查是否是相关控制模块进入故障保护模式切断空调系统,此时主要排除的是何种原因进入的保护状态,而不是检修空调系统本身。

1) 机械制冷控制系统

机械制冷控制系统主要包括空调管路、空调压缩机、压缩机传动带、膨胀阀、储液干燥器、冷凝器、蒸发箱等。对于机械制冷控制系统引起空调不制冷的主要原因分析如下：

(1)制冷系统制冷剂严重泄漏，系统压力过低或者近似没有压力，出于对压缩机的保护，压缩机会停止工作，空调不制冷。对于该故障，应首先进行检漏，发现漏点之后，鉴定回收制冷剂，抽真空后重新加注适量制冷剂。

(2)压缩机自身故障。压缩机自身故障会使得压缩机没有压缩能力，需要更换压缩机才能排除故障，同时检查并清洗空调管路。在这种情况下，用歧管压力表会检测到空调系统的低压比正常值高，而高压比正常值低。

(3)压缩机传动带断裂。压缩机传动带断裂时，制冷循环系统不工作，空调不制冷。

(4)橡胶缓冲块老化断裂。带橡胶缓冲块的曲轴皮带轮，橡胶缓冲块老化断裂，无法完全输出发动机动力，打开空调 A/C 开关时，空调传动带打滑造成空调压缩机不能正常工作，空调不制冷，此时需要更换曲轴带轮。

(5)制冷系统严重堵塞。制冷系统如果堵塞通常只会导致制冷不良，不会完全不制冷，只有严重堵塞才会导致制冷剂无法循环工作时才有可能不制冷。接上空调压力表观察高、低压压力，如果系统加注的制冷剂在标准范围内，高、低压压力都远远低于标准值，说明空调系统严重堵塞，重点检查储液干燥器、膨胀阀是否堵塞，空调系统管路是否挤压变形等。

(6)冷凝器或散热器严重脏堵。冷凝器或散热器严重脏堵时，会使得制冷系统压力升高，如果压力高达压缩机切断条件，压缩机则不工作，空调不制冷。

2)进气风门控制系统

进气风门控制系统主要包括鼓风机、鼓风机开关、内外循环风门调节电动机、温度混合风门调节电动机、空调控制面板、含蒸发箱、暖风水箱及风门机构的箱体、空调滤芯等。对于机械制冷控制系统引起空调不制冷的主要原因分析如下：

(1)鼓风机工作异常。如果鼓风机不工作，空调肯定是无法制冷的。引起鼓风机不工作的原因有鼓风机自身、鼓风机调速模块或电阻、鼓风机开关及控制线路等。部分车型的 A/C 开关搭铁信号是通过鼓风机开关来实现的，当鼓风机开关有挡位缺失时无法输出搭铁信号，A/C 开关不能正常工作，空调压缩机就无法制冷压缩。有的车型鼓风机两插头正反都能插，如果插反，空调出风口变成进风口，内外循环进风口变成出风口，此时冷气方向也就吹反了，驾驶室内感觉就是空调系统不制冷。

(2)内外循环模式故障。对于大多数车型来说，内外循环翻板不能正常打开和关闭不影响车辆能否制冷，只是会导致制冷不足，但对于部分车型来说，比如桑塔纳 99 新秀、桑塔纳 2000 系列等，如果内外循环模式故障，始终处于外循环，打开空调 A/C 开关时，空调压缩机吸合、鼓风机运转、风向模式正确、冷暖模式完好，空调低压管很凉，但出风口就是吹自然风。这是跟该车型的设计特点相关的，该车没有内循环开关，打开 A/C 开关时，内循环打开，外循环关闭，鼓风机吸入驾驶室内部空气经过蒸发箱的冷却汽化，吹出冷风。如果内循环不能打开，就只能处于外循环模式，此时鼓风机吸入的外部空气不经过蒸发箱，因此无法产生制冷效果。

(3)温度混合风门故障。当温度混合风门不能关闭，室内外空气经过蒸发箱冷却，再经过暖风水箱加热，形成的气流变成了自然风或者是有点热的气流，此时在室内的感觉就是空调系统不制冷。

(4)空调控制面板故障。如果空调控制面板故障,导致空调控制模块或放大器接收不到驾乘人员开空调等操作,空调也会不制冷。

(5)空调滤芯堵塞。空调滤芯如果长久都没有更换会影响鼓风机的进气量,虽然鼓风机转速正常,但吹出的风量很小影响制冷效果,坐在驾驶室内的直观感觉就是空调不制冷。

(6)风门分配机构故障。风门分配机构故障导致风从除霜、面部、脚部分流而出,导致冷风风量过小,也就没有制冷效果。

3)空调电气控制系统

空调电气控制系统主要包括空调控制放大器或空调控制模块、冷凝器风扇、空调继电器、空调压力开关或空调压力传感器、蒸发箱温度传感器或温控开关等。其实鼓风机、风门电动机、空调压缩机也算是空调电器,由于在进气风门控制系统里面包含了鼓风机和风门电动机,此处就不再重复介绍。空调电气控制系统引起不制冷故障原因分析如下:

(1)压缩机电磁离合器故障。压缩机电磁离合器是将发动机动力传递给压缩机泵体,如果电磁离合器自身故障,会导致压缩机不工作,空调不制冷。

(2)压缩机控制电路故障。不同类型的压缩机在控制电路中控制对象有所不同,主要有电磁离合器或(和)电磁阀。压缩机电路控制主要就是对电磁离合器或(和)电磁阀的控制。对于带电磁离合器的压缩机,如果电磁离合器无12V电源输入,压缩机不工作,空调不制冷。对于带电磁阀的压缩机,如果电磁阀控制信号异常,使得压缩机一直处于最低排量工作,空调也会不制冷。

(3)冷凝器风扇工作异常。当冷凝器风扇故障不工作或者无高速挡会导致发动机冷却系统、空调冷凝器散热不良,空调系统压力过高,压缩机断开,空调系统不制冷。

(4)空调压力开关或空调压力传感器故障。当发动机控制模块、空调控制模块、车身控制模块检测到空调压力开关或空调压力传感器信号不可信时,首先检查制冷剂压力是否正常,然后测量压力开关或者传感器线路是否完好,如果没有故障,则可以初步判定压力开关或者传感器故障导致空调系统不制冷。

(5)蒸发箱温度传感器或温控开关故障。蒸发箱温度传感器或温控开关用来监测蒸发箱的温度。如果蒸发箱温度过低,防止蒸发箱和低压管路结冰,切断空调压缩机电路。当蒸发箱温度传感器或者温控开关以及它们的控制电路发生故障时,空调系统不制冷。

(6)空调控制放大器或空调控制模块故障。空调控制放大器或空调控制模块用来接收温度、压力、转速等信号,经过计算处理后接通空调压缩机、鼓风机和散热风扇,一旦有信号超出范围就切断空调制冷系统。如果空调控制放大器或空调控制模块自身存在故障,也会出现压缩机不工作现象。

4)电控系统模块保护

电控系统保护主要包括发动机控制模块、车身控制模块、空调控制模块、数据总线故障等保护。

当发动机冷却系统严重缺少冷却液、节温器无法打开、冷却液温度传感器损坏、水泵故障等都会造成发动机冷却系统温度过高,发动机控制模块切断空调压缩机电路,避免发动机过热。另外,有的车辆当发动机缺缸、发动机转速过低、冷却液温度传感器损坏、节气门故障、空气流量计失灵、自动变速器换挡不顺等主要动力故障时,发动机控制模块或者相关的电子控制单元也会断开空调制冷系统。

当车身控制模块检测到车辆系统电压过低、室外环境温度过低或者传感器故障,切断空调系统、前照灯系统、电动车窗等大功率电器,此时应重点检查充电系统而不是空调系统本身。

空调控制模块 ECON 经济模式被打开、室内风口温度传感器数据异常、蒸发箱温度传感器损坏、空调压力传感器失灵、空气质量传感器故障等,空调制冷系统也会不工作。

当数据总线系统发生故障,各个控制模块之间无法正确传递空调系统压力、室内外温度、鼓风机工作状态、发动机动力、冷却液温度等数据,空调制冷系统也会受到影响。

有些车辆的空调系统切断保护原因可以通过空调系统数据流来准确定位,如大众奥迪车系可以通过空调系统数据流 001 组的压缩机关闭代码来判断。

2. 空调异响和噪声故障

汽车空调系统异响和噪声故障也是空调系统的常见故障之一。对于该类故障,首先要能够区分出哪些异响和噪声是正常的、哪些是异常的,而不能将正常的异响和噪声也视为故障。对于空调的机械制冷控制系统、进气风门控制系统、空调电气控制系统等,在工作时都有正常的响声。下面首先介绍上述系统的正常声音。

(1)机械制冷系统。对于机械制冷控制系统,在刚开始打开空调和关闭空调时,蒸发器和膨胀阀处会有蒸发汽化的气流声,这是正常现象。因为此时空调系统的雾态制冷剂不足以满足正常制冷时的流量,急剧汽化而产生的声音。

带电磁离合器的空调压缩机在开始通电吸合时会有轻微的"叭"的一声,这是正常现象,不需要维修或者更换。

(2)进气风门控制系统。当点火开关打开,空调关闭时,听到持续的吸气风扇运转、带温度传感器的吸气风扇转动、风门电动机调节风门机构的轻微调节声,都属于正常声音。

(3)空调电气控制系统。冷凝风扇和鼓风机从低速挡到高速挡运转时的风声,无嘈杂无啸叫,属于正常工作声音。

带后空调调节电磁阀的车辆,当打开后空调时,能听到轻微的电磁阀和继电器的吸合声。

在了解了各系统的正常声音之后,来介绍空调异响和噪声,主要介绍机械制冷控制系统、进气风门控制系统、空调电气控制系统、发动机控制系统这四大系统的异响和噪声。

1)机械制冷控制系统

机械制冷控制系统的异响和噪声主要来自空调压缩机、空调传动带、张紧轮、膨胀阀及管路等。

(1)空调压缩机。起动车辆,用听诊器检查空调压缩机轴承和传动带张紧轮是否有明显的嗡嗡声,如果有,确定并维修。打开空调 A/C 开关,用听诊器检查空调压缩机的内部活塞是否有明显的"嗒嗒"声(类似于敲缸的声音),如果有,确定并维修。检查并确定空调压缩机是否因缺少冷冻机油,而造成压缩机活塞润滑不良产生异响,必要时加注适量的冷冻机油。

(2)空调传动带和张紧轮。在发动机熄火状态下,检查空调传动带松紧度是否适合,不宜过松或者过紧。简单的方法就是用手按压,科学的方法就是用传动带张紧仪。另外,还要检查空调橡胶带是否有开裂发硬的老化现象,如果有,确定并维修。空调传动带老化开裂、传动带槽口有金属碎屑时,也会造成打开空调时空调传动带异响。

对于空调压缩机和空调传动带在空调系统运行一段时间后,才产生传动带打滑、高压管振动、压缩机类似于敲缸异响的现象时,此时要重点检查是否由于空调系统高压压力过高,造成空调传动带、空调高压管、压缩机负荷过大,如果是,检查造成高压压力过高的原因并维修。高压压力过高的主要原因包括制冷剂加注过多、制冷系统有空气、空调系统堵塞及散热不良等。

(3)膨胀阀。空调系统运行5min后,检查膨胀阀处是否始终有气流声和轻微的啸叫声,如果有,检查是否缺少制冷剂或者空调系统有堵塞,确定并维修。

(4)空调运行时检查发动机舱是否有明显的噼里啪啦声、振动声,检查空调管路、空调压缩机等机械制冷系统是否没有固定好,有松动现象造成金属噪声,确定并维修。

2)进气风门控制系统

进气风门控制系统异响和噪声主要来自鼓风机、风门控制、蒸发器、空调滤芯等。

(1)鼓风机。打开点火开关,调节鼓风机从低速挡到高速挡,如果听到嗡嗡声越来越大,则关闭点火开关,检查鼓风机叶片上是否有树叶、纸片或者塑料袋等异物。如果有,清除掉并验证噪声已排除。如果听到的是"吱吱"声或者啸叫声越来越大,那就要检查鼓风机轴承或者轴套是否磨损卡滞,确定并维修。

(2)风门控制。打开点火开关,鼓风机开到低速挡,手动依次打开和关闭内外循环按钮、面部、脚部、除霜模式开关、冷暖模式开关,观察各风门机构切换是否自如,有无明显的类似于打齿的"嗒嗒"声,如果有,确定并维修。

(3)蒸发器。如果在车辆转弯时,仪表台里面有明显"哗哗"的水流声,检查空调系统蒸发箱箱体排水孔是否堵塞导致空调冷凝水无法排出,确定并维修。

(4)空调滤芯。打开点火开关,调节鼓风机从低速挡到高速挡,观察出风口风量是否足够。鼓风机高速时,听到鼓风机鼓风的声音很大,转速很高,就是没有风吹出来,检查空调滤芯是否完全堵塞。

3)空调电气控制系统

空调电气控制系统异响和噪声主要来自冷凝风扇、空调继电器、空调控制模块等。

(1)冷凝风扇。冷凝风扇运转时是否有明显的"咔咔"声、"吱吱"声,如果有,说明冷凝风扇轴承或者轴套磨损卡滞造成异响。冷凝风扇的扇叶与周围物体应无干涉,扇叶动平衡完好,运转时应无明显的抖动和振动感。

(2)空调继电器。检查空调继电器是否有频繁的"嗒嗒"声,如果有,应检查是否是因为发动机冷却液温度和空调系统压力不正常造成的空调系统频繁工作和切断。

(3)空调控制模块。带吸气风扇监测室内环境温度的空调控制模块或者温度传感器,在使用时间过长后,风扇叶片上会吸附有过多的灰尘,造成电动机负荷过重,会有轻微的"吱吱"声或者类似于电流的声音,检查并确定后,清除叶片上的灰尘。如果吸气风扇噪声严重时,只能进行更换。

4)发动机控制系统

带橡胶缓冲块的曲轴传动带轮,橡胶缓冲块老化断裂,无法完全输出发动机动力,打开空调开关时,空调传动带打滑造成"唧唧"的响声,此时需要更换曲轴传动带轮而不是空调系统的零件。

当发动机冷却系统缺少冷却液或者节温器故障时,会造成发动机冷却液温度过高,从而导致空调系统压力过高,造成空调传动带和空调压缩机"唧唧"的打滑声音,确定故障并维修。

项目4.2 灯光不亮故障诊断

灯光故障是汽车电气系统的常见故障之一,通过本项目的训练,可学习汽车灯光系统常见故障的诊断与排除方法。

通过本项目的学习,应达到以下目标:
(1)掌握某只灯泡不亮故障的原因。
(2)熟悉某只灯泡不亮故障诊断流程。
(3)了解同种类型灯光不正常、部分灯光不正常及灯光系统进入应急模式故障的原因及诊断方法。
(4)能够按规范对某只灯泡不亮故障进行诊断与排除。
(5)能按照5S要求,对工具、场地进行整理。

一、任务描述

一辆2011年款速腾轿车,发动机型号为CFB,行驶里程为7491km。因右侧前照灯无远光而进厂维修。据驾驶员反映,车辆在夜间正常行驶过程中,右侧远光灯突然熄灭,同时仪表上的灯光故障灯点亮。经过技师检查,确认该车辆右侧无远光。

为了排除该故障,技师应完成以下内容:
(1)熟悉灯光组成、使用操作及控制原理相关知识。
(2)在实车上对灯光系统组成部件及线路进行检测。
(3)在实车上对某只灯泡不亮故障进行诊断排除。
(4)完成并填写学习工单的相关项目。

二、故障原因分析

1. 基本认识

汽车灯光系统指的是汽车上装有的多种照明设备和灯光信号装置,已经成为汽车上不可或缺的一部分。汽车上所有的灯具按照功能分为照明用和信号用;按照安装位置分为车辆外部和内部。总的说来,可以分为四类:外部照明灯光、内部照明灯光、外部信号灯光、内部信号灯光。

外部照明灯光有:＿＿＿＿＿＿＿＿＿＿＿＿＿＿＿＿＿＿
内部照明灯光有:＿＿＿＿＿＿＿＿＿＿＿＿＿＿＿＿＿＿
外部信号灯光有:＿＿＿＿＿＿＿＿＿＿＿＿＿＿＿＿＿＿
内部信号灯光有:＿＿＿＿＿＿＿＿＿＿＿＿＿＿＿＿＿＿

传统灯光系统电路控制多为电源→熔断丝、开关、继电器→灯具模式,而现代灯光系统控制电路中加入了控制单元,有的车型是由车身控制模块(BCM)控制灯光,有的车型是由单独的灯光控制单元控制灯光。

灯光系统常见故障为某只灯泡不亮、所有灯光都不亮、灯光进入应急模式等。

灯光系统常见故障部位为灯泡自身、熔断丝、继电器、控制线路等。

2. 某只灯泡不亮故障分析

灯光控制方式有开关直接控制型、继电器控制型、模块+继电器控制型、模块控制型等方式。下面选取继电器控制型和模块控制型这两种典型的灯光控制方式,分别分析在这两种控制方式下某只灯泡不亮的故障原因。

1)继电器控制型

继电器控制型灯光系统,灯光控制开关控制相应继电器线圈通电与否,继电器触点控制对应的灯泡。如果是左、右侧都有灯泡,例如近光灯,一般都是近光继电器触点之后分为两条支路,一条控制左侧近光灯泡,另一条控制右侧近光灯泡,并且在每条支路上都有一个熔断丝。继电器控制型灯光控制简图如图4-9所示。对于该控制类型的灯光系统,由于某侧灯泡不亮,而对应的另一侧灯泡正常点亮,所以能够初步排除它们共用的控制开关自身、共用的继电器自身及其相关控制电路故障。从而可以分析出引起该故障的原因如下:

(1)灯泡自身故障。不能点亮的这一侧的灯泡自身损坏。

(2)熔断丝故障。不能点亮的灯泡这条支路上的熔断丝损坏。

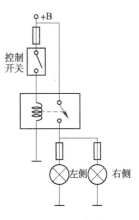

图4-9 继电器控制型

(3)灯泡控制线路故障。从图4-9可以看出,对于某侧灯泡不亮的控制线路故障,指的是这侧灯泡的搭铁线路、灯泡和该支路上熔断丝下游的连接线路及熔断丝上游到继电器触点输出之间的连接线路故障。

2)模块控制型

以大众车型为例,模块控制型灯光控制系统主要由车身控制模块根据采集到的不同开关信号加以识别,并在车身控制模块相应端子输出控制电压,点亮对应灯泡。各个灯泡与车身控制模块之间不设置熔断丝或继电器,熔断丝或继电器设置在车身控制模块前侧。有的开关信号是直接传输给车身控制模块,比如车灯开关、倒车灯开关等,而有的开关信号是通过舒适CAN网传输给车身控制模块,比如转向灯开关、变光开关等。最终,都是由车身控制模块直接各个灯泡直接供电。

对于某些灯光来说,车身控制模块不再一直供给电源电压,而是供给一定调频的脉冲信号,例如尾灯控制、制动灯控制、转向灯控制等,使得灯具工作时更加省电,使灯具寿命更长。占空比方式控制灯光系统不需要灯泡熔断丝,并且可以对灯光的亮度做10%~100%之间的调整。

对于模块控制型的灯光系统来说,车身控制模块可以对灯光状态进行监控,当灯光出现故障时,车身控制模块会将故障信息通过CAN网传递给组合仪表,组合仪表点亮相应的灯光故障报警灯。

车身控制模块对车灯开关的状态随时监控。当车灯开关的接通位置发生变化或开关本身及线路出现故障时,都会被车身控制模块监测到。在点火开关打开时,当车身控制模块监测到车灯开关一个错误的组合信号,则灯光控制进入应急状态,将自动接通驻车灯和近光灯。

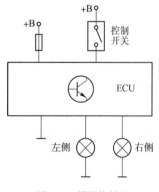

模块控制型灯光控制简图如图4-10所示。对于该类型的灯光控制系统,由于只有某侧灯泡不亮,而对应另外一侧灯泡正常点亮,能够初步排除控制它们的开关自身及信号输入电路故障。从而可以分析出引起该故障的原因如下:

(1)灯泡自身故障。不能点亮的这一侧的灯泡自身损坏。

(2)控制模块局部故障。控制模块内部和不亮的这一侧灯泡相关的控制线路故障。

(3)灯泡控制线路故障。从图4-10可以看出,对于某侧灯泡不亮的控制线路故障,指的是这侧灯泡的搭铁线路、灯泡和控制模块之间的连接线路故障。

图4-10 模块控制型

【课堂演练】

根据上述故障分析思路,完成开关直接控制型灯光控制系统某只灯泡不亮故障原因分析。例如,桑塔纳3000车辆上的雾灯控制电路就属于开关直接控制型,其前雾灯控制简图如图4-11所示。

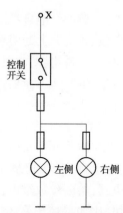

图4-11 开关直接控制型

请分析该车辆上某侧前雾灯不亮故障原因。

(1)_____

(2)_____

(3)_____

三、故障诊断与排除

某只灯泡不亮故障诊断流程和灯光控制系统的类型有关,因此,和前面一样,选取继电器控制型和模块控制型这两种典型的灯光控制方式,分析在这两种控制方式下某只灯泡不亮的故障诊断流程。

1. 继电器控制型

以图 4-9 所示的继电器控制型灯光控制系统为例,当某只灯泡不亮,其他灯泡均正常点亮故障诊断流程如图 4-12 所示。

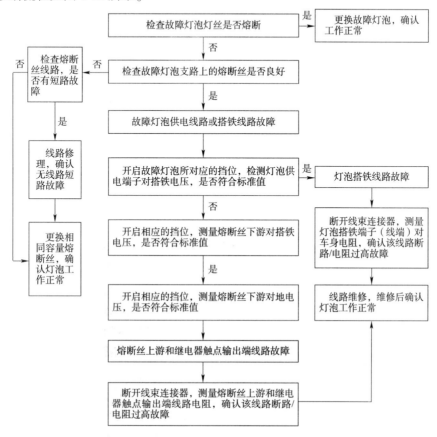

图 4-12 继电器控制型灯光系统某只灯泡不亮故障诊断流程

2. 模块控制型

以图 4-10 所示的模块控制型灯光控制系统为例,当某只灯泡不亮,其他灯泡均正常点亮故障诊断流程如图 4-13 所示。

从上述两种典型灯光控制系统,对于某只灯泡不亮,而其他灯泡均正常点亮的故障诊断流程可以看出,模块控制型灯光控制系统在故障诊断时,往往先连接诊断仪进入控制模块读取是否有和灯光系统相关的故障代码和数据流。有的车型在组合仪表上也有灯光故障指示灯和相关故障信息提示。如果没有相关故障代码和数据流,再根据灯光控制原理,梳理故障诊断思路再进行相应的检测分析。而对于继电器控制型灯光控制系统,只能根据灯光控制原理进行故障诊断与排除。

四、案例剖析

1. 案例一 大众迈腾 B8L 汽车左前示廓灯不亮

1) 故障现象

客户报修一辆迈腾 B8L 汽车左前示廓灯始终不亮。

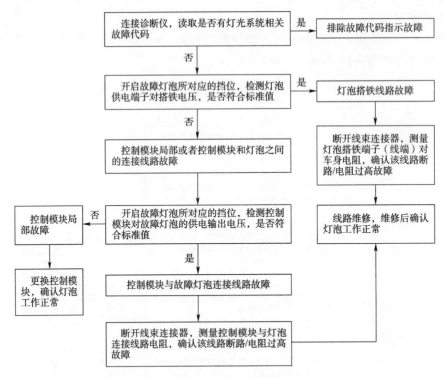

图 4-13 模块控制型灯光系统某只灯泡不亮故障诊断流程

2）故障现象确定

操作车灯开关 EX1 至示廓灯挡，发现左前示廓灯不亮，其他灯光正常点亮。组合仪表上灯光故障指示灯点亮，且有"请检查左侧日间行车灯"信息提示。

3）故障原因分析

迈腾 B8L 汽车示廓灯控制电路简图如图 4-14 所示。

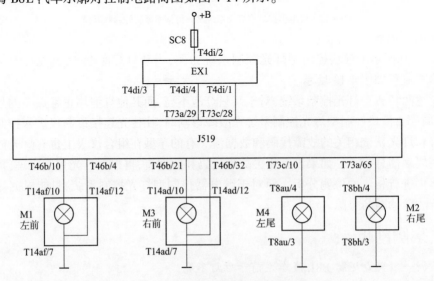

图 4-14 迈腾 B8L 示廓灯相关控制电路

由于右前示廓灯正常点亮，可以初步排除车灯开关 EX1 自身及其相关线路、J519 电源

存在故障。导致本故障的可能原因有:

(1)左前示廓灯 M1 自身故障。

(2)车载电网控制单元 J519 局部故障。

(3)M1 和 J519 连接线路故障。

4)故障检测

(1)用诊断仪读取故障码和数据流。

关闭点火开关,正确连接诊断仪。打开点火开关,进入车载电网控制单元 J519,读取故障代码。该模块显示故障代码为"18698:左侧日间行驶灯(DRL)和停车灯 LED 模块,电源,断路/对正极短路",如图 4-15 所示。

图 4-15 故障代码截屏

根据故障代码信息,接下来对 M1 的连接线路进行检测。

(2)检测 M1 端的控制输入。

操作车灯开关 EX1 至示廓灯挡,测量 M1 的 T14af/10 端子单点对搭铁波形,测量结果为:0V→+B 的方波(图 4-16),未见异常。

(3)检测 J519 对 M1 的控制输出。

操作车灯开关 EX1 至示廓灯挡,测量 J519 的 T46b/10 端子单点对搭铁波形,测量结果为:0V→+B 的方波(图 4-16),未见异常。

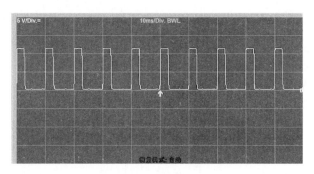

图 4-16 M1 控制输入波形

(4)检测 M1 的供电输入。

操作车灯开关 EX1 至示廓灯挡,测量 M1 的 T14af/12 端子单点对搭铁电压,测量结果为:0V,发现异常。

根据测量值,初步推断 J519 局部故障或 J519 与 M1 之间的连接线路断路故障,也有可能 J519 与 M1 之间的连接线路对搭铁短路故障。

注意：由于迈腾灯光系统控制模块对很多灯泡都有热监控的功能,如果灯泡不能正常工作时,控制模块就不会持续输出电压给灯泡。因此,在测量带有热监控的灯泡时,应该先连接好测试设备,再开启相关的控制开关进行测试,否则会影响测试结果。

(5)检测 J519 对 M1 的供电输出。

操作车灯开关 EX1 至示廓灯挡,测量 J519 的 T46b/4 端子单点对搭铁电压,测量结果为：+B,未见异常。

根据测量值,判断 J519 的 T46b/4 端子与 M1 的 T14af/12 端子之间的连接线路断路。再次通过测量该线束的电阻,测得电阻无穷大,确认该连接线路断路。

5)故障排除

修复故障线路后,左前示廓灯 M1 正常点亮。

6)故障机理分析

由于 M1 与 J519 间连接线路 T14af/12 至 T46b/4 断路,使 M1 无正常供电,导致 M1 不亮。

2．案例二　别克威朗汽车左侧远光灯不亮

1)故障现象

插入钥匙,将点火开关置于"ON"挡,打开车灯开关至近光挡,操作变光开关切换至远光,发现左侧远光灯不亮,其他灯光均正常点亮。

2)故障原因分析

该车远光灯控制原理图如图 4-17 所示。

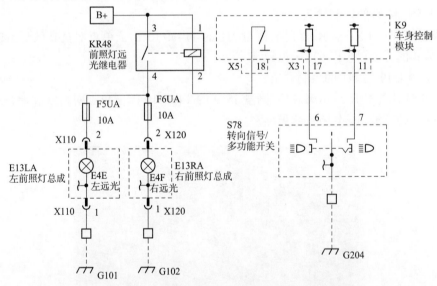

图 4-17　远光灯控制电路简图

由于除了左侧远光灯不亮,其余灯光均正常点亮,可以首先排除前照灯远光继电器 KR48 的控制线路及其本身故障。其次,可以通过故障现象排除转向信号/多功能开关 S78 自身及其相关连接线路故障。由此可以推断出导致该故障的可能原因为：

(1)熔断丝 F5UA 损坏。

(2)左侧远光灯泡 E4E 本身损坏。

(3)E4E 相关控制线路故障,如 X110 的 2 号端子到 F5UA 保险丝之间的线路故障、X110

的 1 号端子与车身之间的连接线路故障。

3) 故障诊断过程

(1) 检测熔断丝 F5UA。

插入钥匙,将点火开关置于"ON"挡,打开车灯开关至近光挡,操作变光开关切换至远光。用万用表电压挡测量熔断丝 F5UA 两端是否有 +B 电压,测量结果为:一端为 0V,另一端为 12V。由此可判断熔断丝 F5UA 存在故障。

关闭点火开关并拔下,断开蓄电池负极,然后用熔断丝钳夹出熔断丝 F5UA,用肉眼观察,发现该熔断丝已熔断。

接下来首选检测左侧远光灯相关控制线路是否存在短路故障,检测电源段是否存在对搭铁短路,或是搭铁端是否存在对正极短路。只有确认没有短路故障,才能直接更换新的熔断丝,否则还会烧熔断丝。

(2) 检测左侧远光灯相关线路。

拆下 X110 线束插接器,用蜂鸣挡测量 X110 的 2 号端子和 1 号端子之间的通断,测量结果为导通。由此,可以判断出保险丝 F5UA 下游到 X110 插头的 2 号端子线路对负极短路。

4) 故障排除

修复故障线路后,左前远光灯正常点亮。

5) 故障机理分析

由于熔断丝 F5UA 下游到 X110 插头的 2 号端子线路对负极短路,造成熔断丝 F5UA 熔断,所以左侧远光灯不亮。

五、知识拓展

1. 同种类型灯光均不亮故障诊断

此处同种类型灯光均不亮故障指的是,比如所有近光灯不亮、所有制动灯不亮、所有危险警报灯不亮等类似故障。下面就以所有制动灯不亮,其余灯光均正常点亮故障为例进行介绍。

如果车辆制动灯控制电路为如图 4-9 所示的继电器控制型,那所有制动灯均不亮,而其他灯光均正常点亮的故障原因有:

(1) 制动灯继电器自身故障。

(2) 熔断丝故障。

(3) 制动灯开关故障。

(4) 继电器线圈控制线路或触点连接线路故障。

(5) 所有制动灯灯泡同时损坏。

(6) 所有制动灯相关控制线路同时故障。

对于上述的故障原因,各支路同时损坏的故障概率较小。在故障排除时,首先重点考虑影响所有制动灯不工作的公共部分。公共部分故障诊断思路如下:

(1) 检测继电器。通过静态和动态测试,检测继电器自身是否良好。如果继电器自身损坏,则更换新的同型号继电器,更换之后,确认制动灯正常点亮。如果继电器状况良好,接下来检测熔断丝。

(2) 检测熔断丝。检测熔断丝上游和下游对搭铁电压,如果两端电压一端为 +B,另一端为 0V,则说明熔断丝已熔断。拔下熔断丝,确认熔断丝确实已熔断。此时一定要先查明熔断原因,确定线路无短路故障再更换相同容量的熔断丝。

如果两端电压均为 +B,则说明熔断丝以及前面的供电线路均正常,接下来检测制动灯开关供电端子电压。

(3) 检测制动灯开关供电端子电压。如果电压不符合标准值,则说明熔断丝下游到制动灯开关输入端线路故障,维修故障线束后确认制动灯正常点亮。如果电压符合标准,接下来检测制动灯开关输出端电压。

(4) 检测制动灯开关输出端电压。打开点火开关,踩下制动踏板,测量制动灯开关输出端电压,如果电压不符合标准值,说明制动灯开关自身损坏。更换新的制动灯开关之后,确认制动灯正常点亮。如果电压符合标准值,接下来检测继电器线圈供电端子电压。

(5) 检测继电器线圈供电端子电压。断电拔下继电器,打开点火开关,踩下制动踏板,测量继电器线圈供电端子电压。如果电压不符合标准值,说明制动灯开关输出端到线圈供电端子之间线路故障,维修故障线束后确认制动灯正常点亮。如果电压符合标准,接下来测量继电器线圈搭铁端子对车身电阻。

(6) 检测继电器线圈搭铁端对车身电阻。关闭点火开关,测量线圈搭铁端对车身电阻,应小于 1Ω。如果电阻不符合标准值,维修线圈搭铁端到车身连接线路,维修故障线束后确认制动灯正常点亮。如果电阻符合标准值,接下来检测继电器触点供电端的电压。

(7) 检测继电器触点供电端的电压。测量继电器触点供电端电压,如果电压不符合标准值,说明电源正极到继电器触点供电端线路故障,维修故障线束后确认制动灯正常点亮。

如果电压符合标准值,说明制动灯控制电路公共部分都是正常的,接下来就怀疑各支路同时出现故障。此时,应该分别对各支路进行检测,测量方法和前述继电器控制型灯光系统某只灯泡不亮故障诊断与排除方法一样,此处不再赘述。

如果车辆制动灯控制电路为如图 4-10 所示的模块控制型,那所有制动灯均不亮,而其他灯光均正常点亮的故障原因有:

(1) 制动灯开关或制动压力传感器自身故障。有的车型是制动灯开关,有的车型是制动压力传感器。

(2) 控制模块局部故障。

(3) 制动灯开关或制动压力传感器相关线路故障。制动灯开关或制动压力传感器相关线路指的是指制动灯开关或制动压力传感器电源电路以及和模块之间的连接线路。

(4) 模块供电故障。如果车辆上制动灯和其他灯光共用供电,当发生所有制动灯均不亮,而其他灯光均正常点亮的故障时,可以排除模块供电故障。如果车辆上制动灯供电是独立的,当发生所有制动灯均不亮,而其他灯光均正常点亮的故障时,模块供电故障是可能原因之一。

(5) 所有制动灯灯泡同时损坏。

(6) 所有制动灯支路控制线路同时故障。

对于上述的故障原因,所有制动灯灯泡或其支路控制线路同时损坏的故障概率较小。在故障排除时,首先重点考虑影响所有制动灯不工作的公共部分。公共部分故障诊断思路如下：

（1）检测制动灯开关或制动压力传感器输出信号。打开点火开关，踩下制动踏板，测量制动灯开关或制动压力传感器信号。

如果信号不正常，说明制动灯开关或制动压力传感器自身故障，或者是它们的电源线路出现故障，接下来检测制动灯开关电源线路。

如果信号正常，说明制动灯开关或制动压力传感器自身及电源线路均正常，接下来检测模块的输入信号。

（2）检测模块输入信号。在制动灯开关或制动压力传感器输出信号正常情况下，测量模块制动输入信号，测量方法为：打开点火开关，踩下制动踏板，测量模块制动信号输入端子对搭铁电压。如果电压正常，说明控制模块故障。如果电压不正常，则说明制动灯开关或制动压力传感器与控制模块之间的连接线路故障。

（3）检测制动灯开关或制动压力传感器电源线路。在制动灯开关或制动压力传感器输出信号信号不正常情况下，测量制动灯开关或制动压力传感器电源线路。

对于两线式制动灯开关，打开点火开关，测量制动灯开关供电端电压。如果电压符合标准值，说明制动灯开关故障。如果电压不符合标准值，说明制动灯开关供电线路存在故障。

对于制动压力传感器，打开点火开关，测量制动压力传感器供电端子电压，如果电压符合标准值，接下来断电测量传感器搭铁端子对车身电阻，如果电阻正常，说明制动压力传感器自身故障；如果电阻不正常，则维修故障线束，维修后确认系统工作正常。

下面举一个具体的故障案例。

1）故障现象

一辆别克威朗轿车，打开点火开关，踩下制动踏板，后部两侧制动灯以及高位制动灯均不亮，其余灯光正常点亮。

2）故障原因分析

该车辆制动灯控制简图如图 4-18 所示。由于 F13DA 和 F32DA 同时是前照灯、日间行车灯和转向灯的熔断丝，这些灯光正常点亮，说明 F13DA 和 F32DA 熔断丝正常。根据故障现象判断，故障原因可能是：

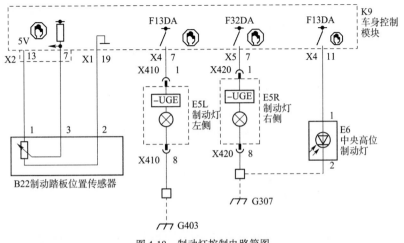

图 4-18　制动灯控制电路简图

（1）B22制动踏板位置传感器自身故障。

（2）B22制动踏板位置传感器的电源电路故障。

（3）B22制动踏板位置传感器与K9车身控制模块之间的连接线路故障。

（4）K9局部故障。

3）故障诊断过程

（1）检查制动踏板位置传感器输出信号。打开点火开关，踩下制动踏板，用万用表测量B22制动踏板位置传感器端子3对搭铁电压，测试结果为1.7V，未见异常。测试结果说明B22自身及其电源电路均正常。故障原因可能是：B22的3号端子与K9之间的连接线路故障；K9局部故障。

（2）检测K9/X2的7号端子的输入信号。打开点火开关，踩下制动踏板，用万用表测量K9/X2的7号端子对负极电压，测试结果为0V，发现异常。根据测量值初步推断K9/X2的7号端子与B22的3号端子之间连接线路断路故障。再次通过测量该线束的电阻，测得电阻无穷大，确认该连接线路断路。

4）故障排除

修复故障线束后，后部两侧制动灯和高位制动灯恢复正常。

5）故障机理分析

由于B22的3号端子与K9/X2的7号端子之间的连接线路断路，使得K9接收不到B22的信号，导致所有制动灯不亮。

2. 灯光应急故障诊断

在大众车型中，车灯开关E1由蓄电池直接供电，它的状态随时由车身控制模块监控。当开关E1的接通位置发生变化或开关本身及线路出现故障时，都会被车身控制模块监控到。在点火开关打开时，车身控制模块检测到车灯开关一个错误的组合信号，则灯光控制进入应急状态，将自动接通小灯和近光灯。因此，当打开点火开关，灯光开关处于OFF挡时，示廓灯、近光灯自动点亮，则可以说明灯光控制系统进入应急保护模式。对于灯光应急故障，应先从车灯开关本身及相关连接线路查找故障原因，避免走弯路。目前，大众车型中的车灯开关E1有两种类型，一种是普通导线连接，一种是LIN线连接。

图4-19所示为迈腾B7L汽车车灯开关E1相关连接电路，其上一共有5根线，1根为常供电，其余4根线分别均和车载电网控制单元J519相连。在车灯开关处于不同挡位时，J519可以通过这4根线检测到灯光开关不同的组合信号。当J519检测到一个错误的灯光组合信号时，则J519激活灯光应急模式。

图4-20所示为迈腾B8L汽车车灯开关E1相关连接电路，其上一共有4根线，1根常供电，1根常搭铁，和J519连接的2根线中1根是LIN线，另外1根是冗余信号线。车灯开关内的开关所有信号，都通过LIN线传输给J519。开关照明和各个功能的指示灯的指令由J519传给E1。冗余信号线通过开关内部的电路被引至搭铁，用于校验开关位置的正确性。如果LIN线或冗余信号线有故障，J519就会激活灯光的应急模式。

下面举一个具体的故障案例。

1）故障现象

客户报修一辆迈腾B8L汽车打开点火开关后，示廓灯、近光灯自动点亮。

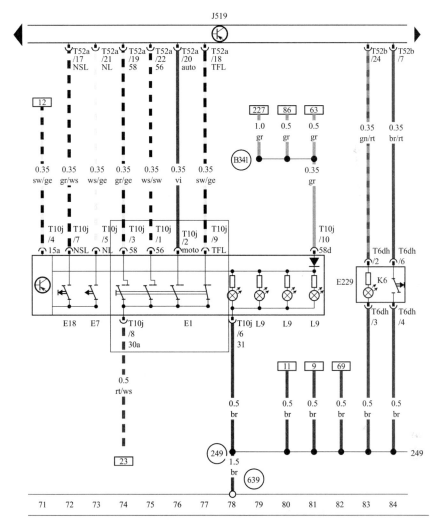

图 4-19　迈腾 B7L 汽车车灯开关相关连接电路

2）故障现象确定

打开点火开关,示廓灯和近光灯异常点亮,仪表提示:"车辆照明故障"且灯光故障指示灯点亮。操作车灯开关 EX1,背景灯不亮,示廓灯和近光灯正常点亮,但雾灯均无法点亮。

3）故障原因分析

打开点火开关,示廓灯和近光灯异常点亮,说明灯光进入应急模式;EX1 背景灯不亮,初步推断 EX1 无通信。

导致本故障的可能原因有:

(1) 车灯开关 EX1 自身。

(2) 车载电网控制单元 J519 局部。

(3) EX1 和 J519 连接线路。

4）故障检测

(1) 诊断仪读取故障代码和数据流。关闭点火开关,连接诊断仪。打开点火开关,进入

J519,读取故障代码,故障代码为"929796 灯开关,无通信"。根据故障代码信息,接下来对EX1 的连接线路进行检测。

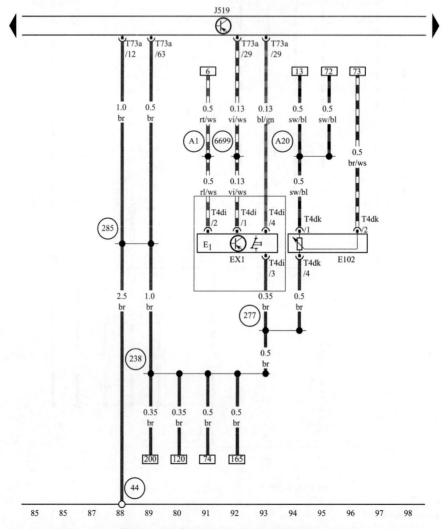

图 4-20 迈腾 B8L 汽车车灯开关相关连接电路

(2)检测 EX1 端 LIN 线信号。打开点火开关,测量 EX1 的 T4di/1 单点对搭铁波形,测得:持续+B(图 4-21),发现异常。根据该测试结果分析故障原因可能有:J519 到 E1 之间 LIN 线断路(断路后 E1 会持续发出+B 电压);J519 到 E1 之间 LIN 线对正短路。

(3)检测 J519 端 LIN 线信号。

打开点火开关,测量 J519 的 T73c/28 单点对搭铁波形,测得:0V 至+B 方波(图 4-22),未见异常。

根据 J519 和 E1 两侧 LIN 波形测量结果,推断 EX1 至 J519 间 LIN 线断路。再次通过测量该线束的电阻,测得电阻无穷大,确认该连接线路断路。

5)故障点确定

修复线路后,车辆灯光系统恢复正常。

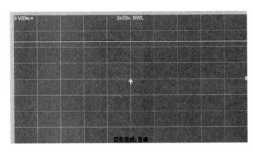
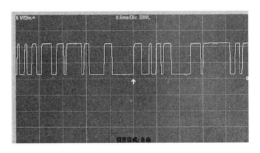

图 4-21　E1 端 LIN 信号波形　　　　图 4-22　J519 端连接 E1 的 LIN 信号波形

6) 故障机理分析

由于 EX1 与 J519 间 LIN 连接线路 T73c/28 至 T4di/1 断路，使 EX1 无法与 J519 通信，导致灯光进入应急模式。

单元五　电动汽车故障诊断

随着近年来电动汽车使用率的提高,电动汽车故障诊断与排除逐渐成为汽车维修作业中的一项重要内容,本单元安排了两个项目,即车辆无法上电行驶故障诊断和汽车不能充电故障诊断。通过这两个项目的学习和训练,掌握电动汽车的常见故障诊断与排除方法。

项目 5.1　车辆无法上电故障诊断

车辆无法上电是电动汽车的常见故障之一,通过本项目的训练,可学习电动汽车上电系统常见故障的诊断与排除方法。

通过本项目的学习,应达到以下目标:
(1)掌握电动汽车无法上电故障的原因。
(2)熟悉电动汽车无法上电故障的诊断流程图。
(3)能够按规范对电动汽车上电系统进行检测。
(4)能够按规范对电动汽车无法上电故障进行诊断与排除。
(5)能按照5S要求,对工具、场地进行整理。

一、任务描述

客户来4S店报修车辆存在间歇性无法行驶现象。经过技师初步检查,发现车辆存在"请检查高压系统"历史故障代码。初步确认车辆存在电动汽车无法上电故障。

为了排除该故障,技师应完成以下内容:
(1)熟悉电动汽车高压上电的相关知识。
(2)在实车上对与上电相关的高低压系统进行检测。
(3)在实车上对无法上电故障进行诊断排除。
(4)完成并填写学习工单的相关项目。

二、故障原因分析

1. 基本知识

如图 5-1 所示,电动汽车高压系统部件通常包括动力电池及其管理器 BMS、驱动电机及其控制器 PEU、_____、高压配电箱(部分车称为分线盒)、_____ OBC 及交直流充电插座、电加热器 PTC、电动压缩机、维修开关等。图 5-2 为电动汽车高压系统电气原理框图,系统上电(即能量消耗)时,能量从动力电池,经分线盒,可分别传递到电机控制器、PTC 或电动压缩机。行驶时,_____再将直流电转换为三相交流电,驱动电机工作,输出驱动力。

单元五 电动汽车故障诊断

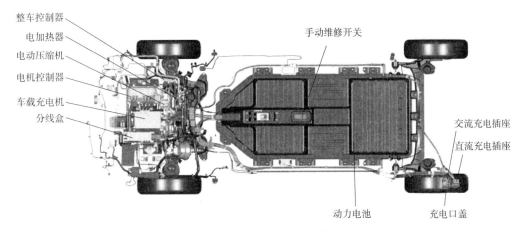

图 5-1 电动汽车高压系统部件

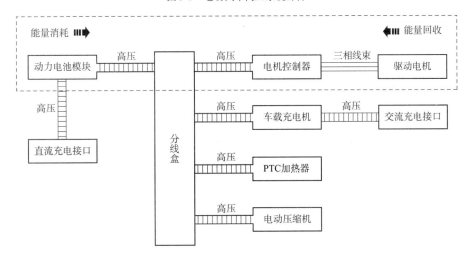

图 5-2 电动汽车高压系统电气原理框图

帝豪 EV300 轿车高压系统上电及行驶原理框图如图 5-3 所示。除高压系统部件之外，与上电相关的电气部件通常还包括蓄电池、点火开关、制动灯开关、防盗模块 PEPS、整车控制器 VCU、网关、高压回路及各个接触器、控制单元供电回路、通信电路、高压互锁、漏电传感器、温度传感器、电流传感器等。

帝豪 EV300 轿车上电流程如图 5-4 所示，帝豪 EV300 在上电时，驾驶员在踩下制动踏板的同时，按下点火开关，点火开关和制动踏板的信号会同时发送到 PEPS，通过 PEPS 的防盗验证后，PEPS 控制 IG1、IG2 以及启动继电器工作，从低压蓄电池过来的 12V 电就变成了 IG1 电、IG2 电，IG1 电、IG2 电会送到 VCU、PEU、BMS、OBC 等高压设备，唤醒它们工作。各控制单元被唤醒后，各控制系统会自检，如果没有检测到高压互锁、漏电、碰撞、过流、过温、失去通信等故障，BMS 将控制动力电池内、高压回路中的接触器相继工作，动力电池的直流电被送到分线盒，此时仪表将 READY 灯点亮，READY 灯点亮，上电成功。上电成功后，各控制单元还会一直监测系统的运行，一旦检测到严重故障，系统会断开高压回路，熄灭 READY 灯，同时在仪表上显示高压系统故障，同时点亮高压系统故障灯，等待进一步维修。

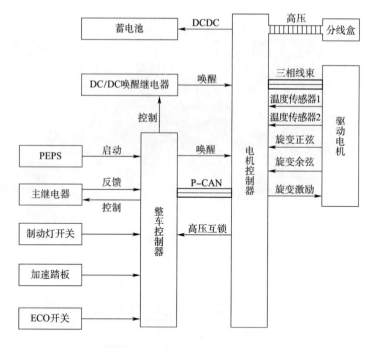

图 5-3 高压系统上电及行驶原理框图

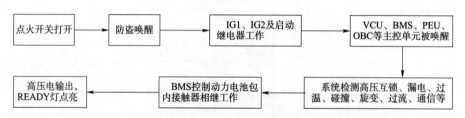

图 5-4 帝豪 EV300 轿车上电流程

在电动汽车的使用过程中,电动汽车上电系统常见的故障点有低压供电不良、通信不良、信号缺失、信号异常等,从而导致电动汽车无法上电的故障现象。

2. 电动汽车无法上电原因分析

电动汽车无法上电的常见故障原因如下:

(1) 蓄电池电压不足,触点接触不良、搭铁不良。

(2) VCU、BMS、PEU、OBC、PEPS 等控制单元供电电压过低。

(3) VCU、BMS、PEU、OBC 等高压主控控制单元损坏。

(4) 钥匙、天线、高频接收器、PEPS 等防盗信号异常或部件损坏。

(5) 点火开关、制动灯开关、唤醒硬线、CAN 或 LIN 等通信线路接触不良、信号异常。

(6) 高压互锁、电机或电池温度、电机弦变、碰撞、电流、漏电等信号异常。

(7) 高压配电箱、接触器、维修开关、高压接头等高压部件或回路接触不良、损坏。

(8) 动力电池局部或整体损坏、过放。

(9) 参数设置不正确。

根据上述故障点,得出下面的思维导图,如图 5-5 所示。

单元五　电动汽车故障诊断

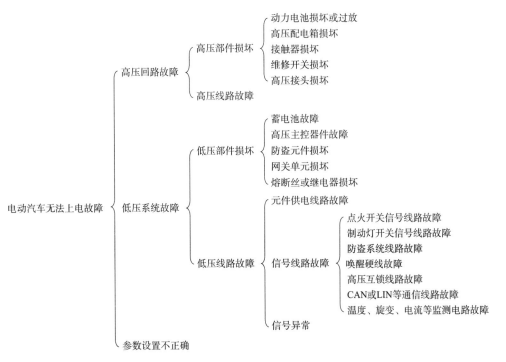

图 5-5　电动汽车无法上电故障原因

三、故障诊断与排除

电动汽车故障的诊断方法包括人工诊断法和仪器诊断法两种,在诊断过程中,通常结合人工经验诊断法和仪器诊断法来进行。电动汽车无法上电故障的人工经验诊断过程如图 5-6 所示,诊断过程应遵循先易后难、由表及里的原则。

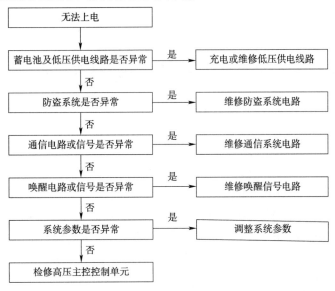

图 5-6　电动汽车无法上电故障诊断流程

人工经验诊断法适于故障现象较明显的故障诊断,为提高诊断精度和效率,应结合仪器

153

诊断法进行故障诊断。诊断电动汽车无法上电故障的常用仪器有解码仪和示波器。例如，进行无法上电故障诊断时，可根据仪表状态、车内用电设备状态等故障现象，先使用解码仪读取故障代码和数据流，可以进一步缩小故障范围，帮助快速找出无法上电的故障点。另外，使用示波器可以测量某些非直流电压的波形，根据波形可有效推断线路的故障类型，再有针对性地使用万用表即可进一步锁定故障点。

四、案例剖析

1. 案例一　帝豪 EV300 轿车无法行驶故障

1）故障现象

一辆 2017 年款帝豪 EV300 轿车，车主反映无法行驶。维修技师发现是上电操作时 READY 灯未能点亮，同时蓄电池充放电状态指示灯、高压系统故障指示灯、减速器故障指示灯、ESP 故障指示灯、驻车系统故障指示灯点亮。

2）故障诊断与排除

引起此故障的原因可能有：

(1) 高压系统关键控制单元供电线路存在故障。

(2) 高压系统关键控制单元存在故障。

(3) 动力 CAN 线路存在故障。

首先连接解码仪，读取故障代码。读取到整车控制器 VCU 内故障代码：电机控制器报文循环计数错误、DC/DC 报文循环计数错误、电机转速信号错误、车速 CAN 信号错误；PEU 无法通信；减速器控制单元 PCU 内故障代码：IPU 报文丢失；电子驻车控制单元 EPB 内故障码：VCU 节点存在无效信号。

VCU 故障代码显示电机控制器 PEU 报文数据错误，同时 DC/DC 的报文数据、驱动电机的转速信号也显示接收错误。帝豪 EV300 轿车的 DC/DC 集成在 PEU 内，且 PEU 无法通信。这些信息其实都指向了 PEU，所以本故障的切入口应该是 PEU。于是，查找此车的 PEU 电路图（图 5-7）。

第一步：检查 PEU 的常电供电线路，用万用表测量 PEU 常电端子 EP11-26 与搭铁间的电压，为 12.3V，正常。

第二步：检查 PEU 搭铁线路，用万用表测量搭铁端子 EP11-11 与搭铁间的阻值，为 0Ω，正常。

第三步：检查 PEU 的 IG2 供电线路。ON 挡时用万用表测量 PEU 的 IG2 供电端子 EP11-25 对搭铁的电压，为 0.1V，不正常，线路可能存在故障。接着测量插接器 CA70-4 对搭铁电压，为 12.7V，正常。由此可知，EP01-4 与 EP11-25 间的线路不正常。下电检测 EP01-4 到 EP11-25 间的阻值，为无穷大。因此，故障点应为 PEU 的 IG2 电 EP11-25 至 EP01-4 线路断路。

检修线路，发现端子 EP11-25 由于接触不良，导致 IG2 供电不正常，更换端子，故障彻底排除。

3）案例点评

(1) 接到维修车辆后，应先上电观察仪表现象，如仪表是否点亮，READY 灯、高压系统故障灯、电机过热指示灯、动力电池故障灯是否点亮，剩余电量 SOC 是否显示等，这是电动汽车有别于传统车辆的重要特征。根据这些状态,可以初步判断故障的范围。

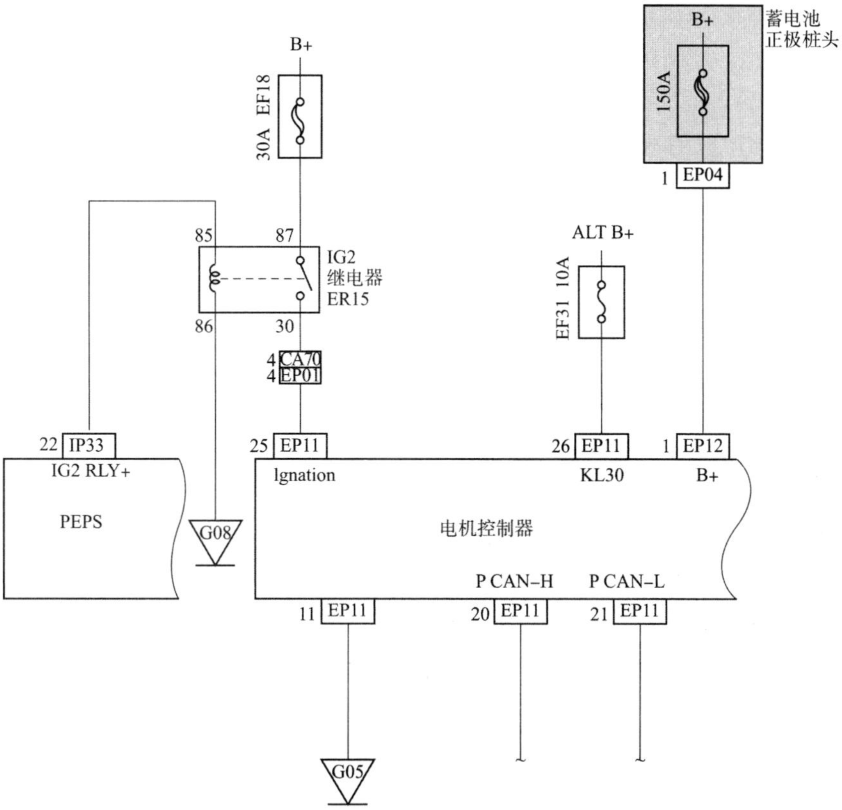

图 5-7 帝豪 EV300 轿车电机控制器电路原理图

(2)故障诊断时应充分利用解码仪,访问与故障相关的控制单元,读取故障代码,可以大大缩小故障范围。

(3)检修故障时,应按照先易后难的基本原则,先检测供电线路,没有问题再检查通信线路,这样的思路是合理的。

2. 案例二 比亚迪 E5 轿车无法上电故障

1)故障现象

如图 5-8 所示,一辆 2019 年款比亚迪 E5 轿车,按下点火开关并踩下制动踏板时,OK 灯始终无法点亮,高压系统故障灯点亮,仪表提示:"请检查动力系统",制动系统故障灯与主警告灯点亮。

图 5-8 比亚迪 E5 轿车无法上电故障现象

2)故障诊断与排除

引起此故障的原因可能有:

(1)高压系统关键控制单元供电线路存在故障。
(2)高压系统关键控制单元存在故障。
(3)通信、激活、控制线路存在故障。

首先读取故障代码。如图5-9所示,BMS中存在故障代码:P1A6000 高压互锁故障,清码后重新上电,再次读取故障代码,该故障代码依旧存在。

图5-9 高压互锁故障代码

其次查看相关数据流(图5-10),进一步锁定故障类型。在BMS模块中读取到数据流:高压互锁1 未锁止,说明高压互锁1回路未闭合。

图5-10 高压互锁故障数据流

由此可推断,此故障应该为高压互锁相关的线路或控制单元故障。查阅电路图,2019年款比亚迪E5轿车高压互锁回路如图5-11所示。根据电路图,对线路进行测量。

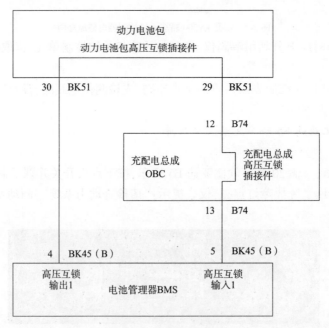

图5-11 高压互锁回路

先测量高压互锁的输出信号,即测量BMS端BK45(B)/4单点对搭铁电压。ON挡时背插测量,测得该端子电压在0~2.7V跳动。由于标准信号为5V的脉冲,可初步判断BMS输出信号正常;测量 BK45(B)/5 单点对搭铁电压,为 4.9V,说明 BK45(B)/4 与 BK45(B)/5 间高压互锁线路存在故障。

用二分法,往后测量中断线路——充配电总成端子 B74/12 对搭铁电压,结果与上一步一样,说明 BK45(B)/4 与 B74/12 间线路无故障。

接着测量充配电总成端 B74/13 单点对搭铁电压,为 4.9V,说明充配电总成内部互锁线路异常。断开插接器,测量 B74 插座(控制单元端)12 与 13 端子间电阻,为无穷大,标准值应为 0Ω,说明 B74/12 至 B74/13 两端子间线路断路。

由于此两端子间有两个充配电总成高压互锁插接件:动力电池母线及电机母线的高压互锁插件,检查这两个高压插头,发现动力电池母线插头未安装好,存在松脱的情况,导致 B74/12 至 B74/13 间不导通,从而导致高压互锁线路 1 断路。

重新安装动力电池母线,故障彻底排除。

3) 案例点评

(1) 高压互锁线路是为了监测高压回路而设计,当高压插接器未安装到位,高压互锁线路将不会形成回路,BMS 未能接收到发出的脉冲信号,故将动力电池内的接触器断开,禁止放电。

(2) 在诊断线路时,可以使用电压法测量各触点的电压,也可使用电阻法测量两触点间的阻值,在测量时需要注意测量条件,如点火开关挡位、蓄电池负极连接状态、插接器连接状态。

(3) 考虑到人身安全,操作人员触碰橙色线路或元件时,应戴绝缘帽、护目镜和绝缘手套后再进行作业。

五、知识拓展

1. 电动汽车行驶原理

电动汽车的行驶操作与传统汽车不一样,它没有变速器,行驶时不需要换挡,驾驶员直接踩加速踏板即可实现车速的提升。图 5-12 为帝豪 EV300 轿车的行驶原理框图,如果电子换挡器通过挡位开关监测到挡位被挂到了 D 或 R 挡,同时发现驻车制动解锁,减速器控制单元 TCU 会控制减速器电机解锁,此时加速踏板会将驾驶员的加速动作转换为电压信号,传递给整车控制器,整车控制器将信号通过 P-CAN 传递给电机控制器,电机控制器会控制电机的转速、转向,实现电动汽车的行驶。

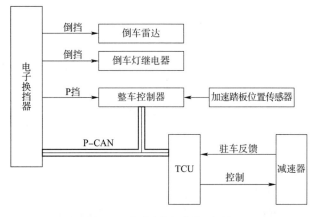

图 5-12 电动汽车行驶原理框图

2. 电机旋变传感器原理

电机旋变传感器又叫旋转变压器，是驱动电机的一个重要组成部分，通常安装在电机尾部，用于检测电机转子位置、转速和转向。如图 5-13 所示，旋变传感器由旋变定子和旋变转子组成，旋变定子内侧有 3 组绕组，分别是励磁绕组、正弦绕组和余弦绕组；旋变转子则安装在电机转子上。驱动电机旋转时，带动旋变转子旋转。旋变传感器的 3 组绕组与电机控制器之间通过 6 根低压线连接，2 根是从电机控制器发出的励磁信号，另外 4 根分别是旋变传感器因磁感应而由传感器向电机控制器输出的正弦感应信号和余弦感应信号（波形见图 5-14）。电机控制器根据正弦信号和余弦信号来感应转子的位置、转速与转向。励磁、正弦和余弦线圈的 6 根连接线中任何一根出现故障，都会导致驱动电机无法正常工作。

图 5-13　旋变传感器
1-旋变定子；2-旋变转子

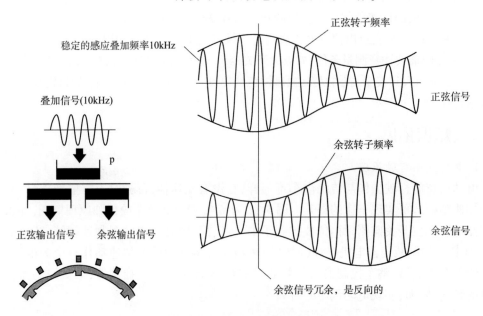

图 5-14　旋变传感器信号波形

电机旋变传感器出现故障时，通常会出现如表 5-1 所示的故障。检测旋变故障，可以通过测量旋变传感器的阻值进行分析，帝豪 EV300 轿车的励磁绕组约为 8Ω，正弦和余弦绕组约为 16Ω。

旋变传感器故障列表　　　　　　　　表 5-1

序　号	故障代码	故障代码含义
1	P0C5300	正弦/余弦输入信号消波故障
2	P0C511C	正弦/余弦输入信号超过电压阈值
3	P0C5200	正弦/余弦输入信号低于电压阈值

续上表

序　　号	故障代码	故障代码含义
4	P0A4429	跟踪误差超过阈值
5	P170900	输入转速信号超过芯片最大跟踪速率
6	P150700	电机超速故障
7	P171000	角度跳变故障
8	P171100	信号失配错误
9	P171200	配置错误
10	P171300	奇偶校检错误
11	P171400	锁相错误

项目5.2　不能充电故障诊断

充电是电动汽车的基本功能，不能充电会导致电动汽车电量逐渐缺失，导致无法上电、无法行驶。通过本项目的训练，可学习电动汽车充电系统常见故障的诊断与排除方法。

通过本项目的学习，应达到以下目标：

(1)掌握电动汽车不能充电故障的原因。
(2)熟悉电动汽车不能充电故障的诊断流程图。
(3)能够按规范对电动汽车充电系统进行检测。
(4)能够按规范对电动汽车不能充电故障进行诊断与排除。
(5)能按照5S要求，对工具、场地进行整理。

一、任务描述

客户来4S店报修车辆存在无法充电、充电插座的红色充电指示灯点亮现象。经过技师初步检查，发现车辆在插枪后显示"充电完成"，仪表没有提示。初步确认车辆存在电动汽车不能充电的故障。

为了排除该故障，技师应完成以下内容：

(1)熟悉电动汽车交、直流充电的相关知识。
(2)在实车上对与充电相关的高低压系统进行检测。
(3)在实车上对不能充电故障进行诊断排除。
(4)完成并填写学习工单的相关项目。

二、故障原因分析

1. 基本知识

如图5-15所示，电动汽车充电系统由车载充电机OBC、_____、直流充电插座、辅助控制单元ACM组成。但由于充电时，高压回路需要由电池管理器BMS控制各接触器工作，也需要在充电时由 DC/DC 对低压蓄电池进行充电,因此,充电系统与动力电池及其管理器 BMS、DC/DC、高压配电箱(部分车称为分线盒)、维修开关等相关。

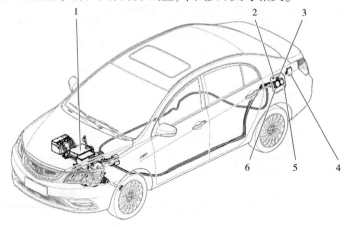

图 5-15 电动汽车充电系统组成

1-车载充电机 OBC;2-充电接口照明灯;3-充电接口指示灯;4-辅助控制单元 ACM;5-交流充电插座;6-直流充电插座

图 5-16 为电动汽车交流充电系统电气原理框图,交流充电时,能量从充电枪或充电桩,通过交流充电插座进行整流,形成直流电,经分线盒,为动力电池充电;直流充电时,直流电由直流充电桩输出,经直流充电插座,直接为动力电池充电。

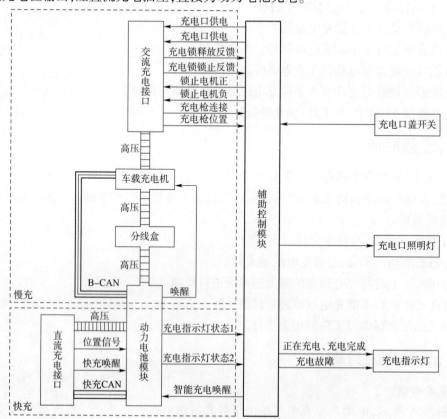

图 5-16 充电系统充电原理框图

与上电故障类似,与充电故障相关的电气部件通常还包括蓄电池、整车控制器 VCU、DC/DC、网关、高压回路及各个接触器、充电相关控制单元的供电回路、唤醒电路、通信电路、高压互锁、漏电传感器、温度传感器、电流传感器等。

交、直流充电可以通过充电效率的高低来进行区分,因交流充电无法提供足够功率,效率低,所以被称作慢充,过程相比于直流充电比较复杂;直流充电可以输出较大范围的电压和电流,所以被称为快充。

交流充电电路原理如图5-17所示。电动汽车慢充的流程为:交流充电枪在正确接入交流充电口后,交流充电枪端子 CC 拉低电压信号,此时充电枪检测到 CC 信号被拉低,将 CP 的12V 电压转变为 PWM 占空比信号,此时车载充电机监测到 CP 的 PWM 占空比信号,从而整车确认充电枪连接正常,可以正常充电,完成充电确认步骤。充电确认后,整车检测 CC 与 CP 间电阻值,确认无误后,充电锁闭锁,整车充电被唤醒;车载充电机检测到 CP 脉冲电压从而确定充电功率,充电口 L 和 N 与整车接通,电池管理系统控制模块内部继电器吸合给相关部件供电,当电池管理系统正常运转后,充电指示灯信号灯为绿色,同时仪表显示充电信息,包括 SOC、充电电压与电流、剩余充电时间等;开始正常充电。

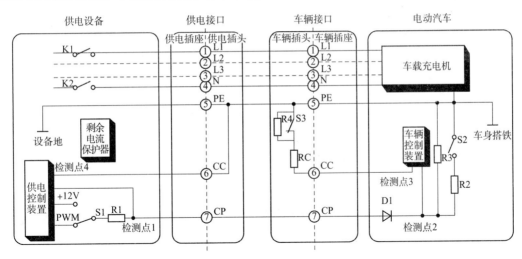

图 5-17 交流充电电路原理图

快充电路原理如图5-18所示。在快充过程中,直流充电枪与充电口直流插座连接完好后,直流充电枪检测到 CC1 电压正常(此时 CC1 与 CC2 回路已经先后闭合),开始准备充电;当车辆控制装置收到 A- 与 A+ 的正常电压,并且此时 CC2 电压正常,检测到充电枪内的 DC- 与 DC+ 回路中充电母线绝缘性良好后,断开充电枪内的 DC- 与 DC+ 回路,完成充电母线自检步骤;此时整车 DC- 与 DC+ 回路闭合,开始检测电池包电压及充电桩输出电压完好,再闭合充电枪内的 DC- 与 DC+ 回路,开始充电;这两个步骤是在分别检测充电母线两端供电设备自身状态,以确保充电的稳定。

2. 电动汽车不能充电原因分析

与不能上电故障类似,电动汽车不能充电的常见故障原因如下:

(1)蓄电池电压不足,触点接触不良、搭铁不良。

(2)BMS、PEU、OBC 等充电控制单元供电电压过低。

(3) BMS、PEU、OBC 等充电主控控制单元损坏。
(4) 充电唤醒线、CAN 线等通信线路接触不良、信号异常。
(5) 高压互锁、充电插座温度、电流、漏电等信号异常。
(6) 高压配电箱、接触器、维修开关、高压接头等高压部件或回路接触不良、损坏。
(7) 动力电池局部或整体损坏或过充。
(8) 参数设置不正确。

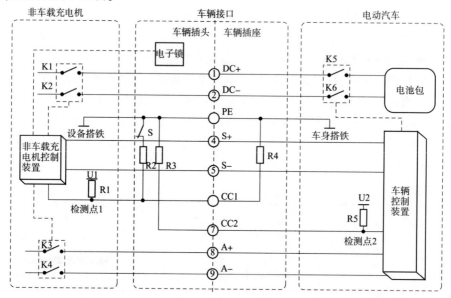

图 5-18 直流充电示意图

根据上述故障点,得出下面的思维导图,如图 5-19 所示。

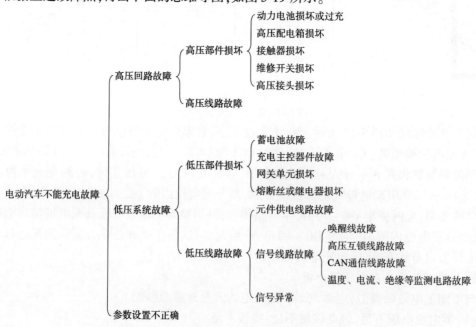

图 5-19 电动汽车不能充电故障原因

三、故障诊断与排除

在诊断电动汽车充电故障的过程中,通常也会结合人工经验诊断法和仪器诊断法来进行。电动汽车不能充电故障的人工经验诊断过程如图 5-20 所示,诊断过程应遵循先易后难、由表及里的原则。

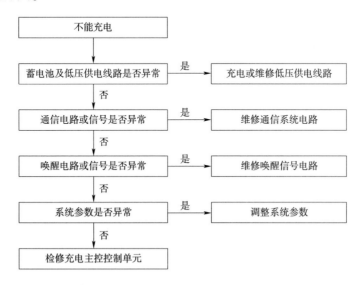

图 5-20　电动汽车不能充电故障诊断流程

四、案例剖析

1. 案例一　帝豪 EV300 轿车无法充电故障

1)故障现象

一辆 2017 年款帝豪 EV300 轿车,可正常上电和行驶。但插枪充电时仪表黑屏,无充电页面显示,充电插座内的充电指示灯不亮。

2)故障诊断与排除

引起此故障的原因可能有:

(1)车载充电器 OBC 或辅助控制单元 ACM 故障。

(2)OBC 或 ACM 等控制单元的供电或通信线路故障。

(3)充电连接信号线(CC 线)故障。

(4)充电枪故障。

连接解码仪,发现能访问 ACM、OBC 等几个常电模块。说明控制单元、供电和通信线路正常,充电连接信号线出现故障的概率比较大。

交流充电电路如图 5-21 所示,没有接收到充电连接信号就无法唤醒充电系统,导致车辆仍然处于休眠状态。

拔下充电枪检测充电口 CC 对搭铁的电压为 0V,异常(正常应约为 5V)。拆下蓄电池负极,测量充电口 EP21-6 与 SO87-13 电阻为无穷大,异常。

再检测插接器 SO85-15 与 SO87-13 间的电阻,仍为无穷大。

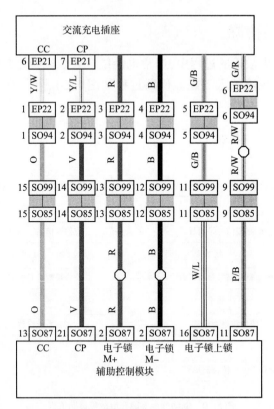

图 5-21 交流充电电路图

故障点确定为插接器 SO85-15 与 ACM 的 SO87-13 线路断路。修复此线路,故障彻底排除。

3)案例点评

(1)充电与上电的实现均需要高压主控单元、供电线路、通信线路、高压回路等状态正常。因此,充电和上电故障范围可能是重叠的,排除充电故障前,可以先确保上电系统正常,这样充电故障的范围可以大大缩小。

(2)充电故障可以以 ACM 为分界点,因为充电信号是 ACM 接收并发送出去。如果充电完全没反应,可能是 ACM 之前及 ACM 自身问题。若有充电显示,但充不了电,就是 ACM 之后的问题。

2. 案例二 帝豪 EV300 轿车充电显示异常故障

1)故障现象

一辆 2017 年款帝豪 EV300 轿车,可正常上电,并正常行驶,且充电时有充电页面,但未显示充电功率、电流和时间,同时发现充电插座内的红色指示灯点亮。

2)故障诊断与排除

引起此故障的原因可能有:

(1)车载充电器 OBC 或辅助控制单元 ACM 故障。

(2)OBC 或 ACM 等控制单元的供电或通信线路故障。

(3)充电确认信号线(CP 线)故障。

(4)充电枪故障。

首先使用解码仪进行诊断,发现没有故障代码。读取数据流时,充电相关的数据流如下所示:

ACM 主要数据流为:充电状态:未充电;CC 连接:连接。

VCU 主要数据流为:BMS 检测充电线 CP 信号:未连接;BMS 检测充电线 CC 信号:已连接;电池电流:0;车载充电机模式状态:备用;车载充电机实际输出电压:0;车载充电机实际输出电流:0;ACM 检测充电线 CC 信号:已连接;ACM 检测充电线 CP 信号:未连接。

插枪充电时,仪表盘上能显示充电页面,说明充电连接信号已被 ACM 接收并发出。仪表有充电页面一般可说明充电系统正常,预充接触器和充电接触器已闭合可正常充电。但充电页面不显示充电时间和充电电流,整个车辆已准备好充电,但没有电流充进来,很有可能是充电枪并没有接到车辆可正常充电的反馈信号。而此信号是通过 CP 线传输的,可能是 CP 线未把信号传送给充电枪。再从数据流数据来分析,数据流里显示 OBC 工作输出电压为 0V,电池电流也为 0。也说明了充电枪没有输送电能给车辆,再看 ACM、BMS 里的数据流,都直观显示 CP 未连接,也说明了 CP 线存在问题,可以从此线切入以解决问题。

拔出充电枪,拔掉蓄电池负极,检测充电口 EP21-7 至 SO87-21 间的电阻,为无穷大,异常。再检测 ACM 的 SO87-21 至插接器 SO85-14 电阻为无穷大,异常。确定故障点为:ACM 的 SO87-21 至插接器 SO85-14 线路断路。修复此线路,故障彻底排除。

3)案例点评

(1)插枪后仪表有充电页面,但无充电电流,说明车辆未能把可充电的信号发送给充电枪,所以充电枪没有输出高压电。

(2)CC 和 CP 是充电枪与车辆相互传递信息的线路,它们在传递信息时,有一定的时序关系,即先是 CC 传递充电枪连接信号,随后是 CP 进行充电连接确认,可以根据仪表、充电指示灯等现象,分析出充电流程进行到哪一步,便可进一步缩小故障范围。

3. 案例三　比亚迪 E5 轿车无法充电故障

1)故障现象

2019 年款比亚迪 E5 轿车,上电时 READY 灯可以正常点亮,但交流充电时,仪表一直显示:"充电连接中",无法正常充电。

2)故障诊断与排除

引起此故障的原因可能有:

(1)OBC 故障。

(2)OBC 的供电或通信线路故障。

(3)充电确认信号线(CP 线)故障。

(4)充电枪故障。

连接充电枪后再连接解码仪,解码仪可以正常访问充配电总成,所由此说明充电系统已被唤醒;读取 OBC、电池管理系统和车身控制器等相关充电系统故障代码,发现没有相关故障代码。

读取数据流,发现电池管理系统数据流为,充电感应电流/交流:无;车载充电机数据流中:交流测电流为 0,PWM 波占空比 5%。

数据流显示,电池管理系统交流感应电流/交流为无,说明交流电没有充入动力电池包,问题出在交流电输出之前的流程;OBC 数据流中 PWM 波占空比为 5%,与标准数据 1% 不相符;因为 PWM 波由 CP 线产生,所以怀疑问题在 CP 线或是交流充电枪自身局部问题。

先查阅电路图(图 5-22),插枪,背插测量端子 B53(B)/2(交流充电口端 CC)电压为 0.9V,正常。

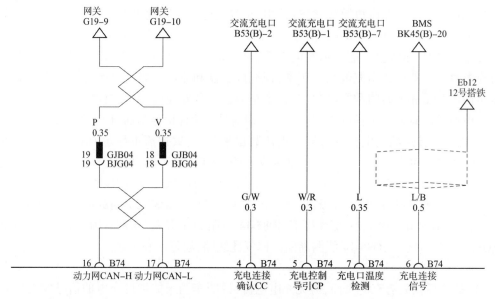

图 5-22 充配电总成相关电路

测量 CC 另一端端子 B74/4(车载充电机端 CC),测得为 0.9V,正常。

背插测量端子 B53(B)/1(交流充电口端 CP)电压为 0V,测量值与标准值 -8V 左右不相符,推测 CP 线对搭铁短路或是交流充电枪自身局部故障。

为进一步确定故障点,先后断开交流充电枪、低压蓄电池正负极、插接器 B53(B)(充电口端)与插接器 B74(车载充电器端),测量导线 CP 对车身搭铁导通性,阻值为 0.5Ω(小于1Ω),异常。

显然,故障点为 B53(B)/1 至 B74/5 导线对车身搭铁短路。修复故障点后,整车可以正常充电(图 5-23),故障彻底排除。

图 5-23 正常充电页面

3)案例点评

(1)由于 CP 线对车身搭铁短路,导致充电无法确认,无法唤醒充电系统,所以无法充电,仪表一直显示:"充电连接中"。

（2）故障排除前应明确充电原理，理解充电流程，这样在进行故障诊断时，可能有的放矢。

五、知识拓展

1. 充电锁工作原理

充电锁有两个作用：一是为了保护充电时的安全性，二是为了防盗。设计逻辑大致有以下几点：

（1）通过遥控钥匙充电解锁时，如果整车未在充电，充电锁可以直接解锁；但当在充电时，需要先断开充电后，再给充电锁解锁，以防带电拔插造成危险。

（2）充电枪插入充电口后，充电线路连接完好后才可以充电锁锁止。

（3）充电锁的锁止状态需要实时地反馈给充电系统，才能保证充电的安全。

（4）充电锁需要关联到整车的闭锁/解锁中，以防在充电完成后用户不在，充电锁解锁造成危险。

2. 智能充电

智能充电电气原理见图5-24，低压蓄电池的作用是保证整车在未上高压电前，车辆电气设备的正常运转。通常，由于长期消耗低压蓄电池电量，会使得低压蓄电池电量耗尽，甚至在长时间的停放中出现亏电问题。因此，低压蓄电池在上电后需要进行充电，它是由动力电池包进行供电通过DC/DC的转换，将220V的高压电转换为13V左右的低压电，为低压蓄电池进行充电。但如果车辆未上电，蓄电池也会持续消耗电能，如果监测到低压蓄电池电压过低，整车控制器将会控制DC/DC唤醒继电器工作，进一步将电机控制器内的DC/DC唤醒，动力电池的高压电将会经DC/DC转换，为低压蓄电池充电，这种功能就是智能充电。

图5-24 智能充电电气原理图

参 考 文 献

[1] 闽永军,万茂松,周良.汽车故障诊断与排除技术[M].北京:高等教育出版社,2004.
[2] 胡光辉.汽车故障诊断技术[M].2版.北京:电子工业出版社,2008.
[3] 戴强.汽车故障诊断技术[M].北京:中国劳动社会保障出版社,2010.
[4] 谢剑,文爱民.汽车故障诊断技术[M].北京:中国铁道出版社,2015.
[5] 谢剑.汽车底盘构造与检修[M].2版.北京:中国铁道出版社,2020.
[6] 张忠伟.汽车发动机电控系统检修[M].北京:机械工业出版社,2019.
[7] 郇延建.汽车自动变速器构造与维修[M].北京:机械工业出版社,2019.
[8] 白鹏飞.汽车电气设备构造与维修[M].北京:人民交通出版社股份有限公司,2020.
[9] 万艳红.新能源汽车电气系统检修[M].北京:人民交通出版社股份有限公司,2019.
[10] 李晓娜,刘春晖,张文志.汽车空调系统原理与检修[M].3版.北京:机械工业出版社,2019.

目录

工单 1　项目 2.2　发动机过热故障诊断与排除 …………………………………………… 1
工单 2　项目 2.4　发动机不能起动故障诊断与排除 ……………………………………… 4
工单 3　项目 2.5　发动机怠速不良故障诊断与排除 ……………………………………… 7
工单 4　项目 3.3　自动变速器打滑故障诊断与排除 ……………………………………… 10
工单 5　项目 3.4　汽车转向沉重故障诊断与排除 ………………………………………… 14
工单 6　项目 3.6　ABS 警告灯常亮故障诊断与排除 ……………………………………… 17
工单 7　项目 4.1　空调制冷不足故障诊断与排除 ………………………………………… 20
工单 8　项目 4.2　灯光不亮故障诊断与排除 ……………………………………………… 23
工单 9　项目 5.1　车辆无法上电故障诊断与排除 ………………………………………… 26
工单 10　项目 5.2　不能充电故障诊断与排除 …………………………………………… 29

工单 1　项目 2.2 发动机过热故障诊断与排除

1. 基本信息

项　目	信　息	项　目	信　息
车型		发动机型号	
VIN		行驶里程	

2. 场地及设备初步检查

序号	检查项目	结果确认	序号	检查项目	结果确认
1	汽车停放位置与举升机状况检查		6	发动机机油、冷却液检查	
2	放置车轮挡块		7	蓄电池状况检查	
3	连接尾气抽排管		8	仪器设备准备	
4	放置格栅及翼子板布		9	工量具准备	
5	放置车内三件套		10	技术资料准备	

3. 故障现象确认

经确认,该车故障现象为:_____
_____

4. 故障原因分析

经小组讨论,确定造成该故障的可能原因如下:_____
_____
_____
_____
_____
_____

5. 故障诊断流程分析

经小组讨论,确定该故障诊断流程如下:_____
_____
_____
_____
_____
_____

6. 小组分工情况

本小组成员包括:_____
_____

本人在小组分工中承担的任务：_____
_____

7. 诊断过程记录与分析

（1）基础检查。

序号	检查项目	检查结果	序号	检查项目	检查结果
1	蓄电池电压		4	油、气管路连接	
2	组合仪表指示灯		5	电气元件连接	
3	散热风扇工作		6	有无明显漏油、水、气	

有无故障代码及含义：_____
_____

（2）深入检测与诊断分析。

序号	检测项目	检测工况/方法	测得参数	结果分析
1	冷却液温度传感器电阻值	起动前（冷车时）		
		正常工作温度时		
		20℃/40℃/60℃/80℃/100℃		
2	冷却液温度传感器线路			
3	节温器测试	开启温度		
		全开温度及升程		
4	电动风扇电动机	电阻测试		
		性能测试		
5	风扇继电器			
6	冷却液冰点			
7	散热器温度	入水口/出水口		

（3）故障点及排除方法。

故障点：_____
_____
_____

排除方法：_____
_____
_____

（4）结果复查。

经复查：_____
_____

8. 场地、设备清查复位

序号	检 查 项 目	结果确认	序号	检 查 项 目	结果确认
1	收起车轮挡块		5	仪器设备复位	
2	收起尾气抽排管		6	工量具复位	
3	收起格栅及翼子板布		7	技术资料复位	
4	收起车内三件套		8	场地清洁	

9. 评价与反馈

(1)学习小结。

_____
_____
_____
_____
_____

(2)成绩评定。

小组评议等级：_____　　组长签名：_____

教师评议等级：_____　　教师签名：_____

工单 2　项目 2.4 发动机不能起动故障诊断与排除

1. 基本信息

项　目	信　息	项　目	信　息
车型		发动机型号	
VIN		行驶里程	

2. 场地及设备初步检查

序号	检查项目	结果确认	序号	检查项目	结果确认
1	汽车停放位置与举升机状况检查		6	发动机机油、冷却液检查	
2	放置车轮挡块		7	蓄电池状况检查	
3	连接尾气抽排管		8	仪器设备准备	
4	放置格栅及翼子板布		9	工量具准备	
5	放置车内三件套		10	技术资料准备	

3. 故障现象确认

经确认,该车故障现象为：_____

_____

4. 故障原因分析

经小组讨论,确定造成该故障的可能原因如下：_____

_____

_____

_____

_____

_____

5. 故障诊断流程分析

经小组讨论,确定该故障诊断流程如下：_____

_____

_____

_____

_____

_____

6. 小组分工情况

本小组成员包括：_____

_____

本人在小组分工中承担的任务：_____
_____

7. 诊断过程记录与分析

(1) 基础检查。

序号	检查项目	检查结果	序号	检查项目	检查结果
1	蓄电池电压		4	油、气管路连接	
2	组合仪表指示灯		5	电气元件连接	
3	燃油量指示表		6	有无明显漏油、水、气	

有无故障代码及含义：_____
_____

(2) 深入检测与诊断分析。

序号	检测项目	检测工况/方法	测得参数	结果分析
1				
2				
3				

(3) 故障点及排除方法。

故障点：_____
_____
_____

排除方法：_____
_____
_____

(4) 结果复查。

经复查：_____
_____

8. 场地、设备清查复位

序号	检查项目	结果确认	序号	检查项目	结果确认
1	收起车轮挡块		5	仪器设备复位	
2	收起尾气抽排管		6	工量具复位	
3	收起格栅及翼子板布		7	技术资料复位	
4	收起车内三件套		8	场地清洁	

9. 评价与反馈

(1)学习小结。

_____
_____
_____
_____
_____

(2)成绩评定。

小组评议等级：_____ 组长签名：_____

教师评议等级：_____ 教师签名：_____

工单 3 项目 2.5 发动机怠速不良故障诊断与排除

1. 基本信息

项目	信息	项目	信息
车型		发动机型号	
VIN		行驶里程	

2. 场地及设备初步检查

序号	检查项目	结果确认	序号	检查项目	结果确认
1	汽车停放位置与举升机状况检查		6	发动机机油、冷却液检查	
2	放置车轮挡块		7	蓄电池状况检查	
3	连接尾气抽排管		8	仪器设备准备	
4	放置格栅及翼子板布		9	工量具准备	
5	放置车内三件套		10	技术资料准备	

3. 故障现象确认

经确认,该车故障现象为:_____
_____

4. 故障原因分析

经小组讨论,确定造成该故障的可能原因如下:_____
_____
_____
_____
_____

5. 故障诊断流程分析

经小组讨论,确定该故障诊断流程如下:_____
_____
_____
_____
_____

6. 小组分工情况

本小组成员包括:_____
_____

本人在小组分工中承担的任务：_____
_____

7. 诊断过程记录与分析

（1）基础检查。

序号	检查项目	检查结果	序号	检查项目	检查结果
1	蓄电池电压		4	油、气管路连接	
2	组合仪表指示灯		5	电气元件连接	
3	燃油量指示表		6	有无明显漏油、水、气	

有无故障代码及含义：_____
_____

（2）基本数据流分析。

序号	检查项目	数据	判断	序号	检查项目	数据	判断
1	发动机转速			5	冷却液温度		
2	喷油脉宽			6	过量空气系数		
3	进气质量			7	长期燃油修正值		
4	点火提前角			8	短期燃油修正值		

（3）深入检测与诊断分析。

序号	检测项目	检测工况/方法	测得参数	结果分析
1				
2				
3				

（4）故障点及排除方法。

故障点：_____
_____

排除方法：_____
_____

（5）结果复查。

经复查：_____
_____

8.场地、设备清查复位

序号	检查项目	结果确认	序号	检查项目	结果确认
1	收起车轮挡块		5	仪器设备复位	
2	收起尾气抽排管		6	工量具复位	
3	收起格栅及翼子板布		7	技术资料复位	
4	收起车内三件套		8	场地清洁	

9.评价与反馈

(1)学习小结。

_____
_____
_____
_____

(2)成绩评定。

小组评议等级：_____ 组长签名：_____

教师评议等级：_____ 教师签名：_____

工单 4　项目 3.3 自动变速器打滑故障诊断与排除

1. 基本信息

项　目	信　息	项　目	信　息
车型		变速器型号	
VIN		行驶里程	

2. 场地及设备初步检查

序号	检查项目	结果确认	序号	检查项目	结果确认
1	汽车停放位置与举升机状况检查		6	发动机机油、冷却液、ATF 检查	
2	放置车轮挡块		7	蓄电池状况检查	
3	连接尾气抽排管		8	仪器设备准备	
4	放置格栅及翼子板布		9	工量具准备	
5	放置车内三件套		10	技术资料准备	

3. 故障现象确认

经确认,该车故障现象为:＿＿＿＿＿＿＿＿＿＿＿＿＿＿＿＿＿＿＿＿＿＿＿＿＿＿＿＿＿
＿＿

4. 故障原因分析

经小组讨论,确定造成该故障的可能原因如下:＿＿＿＿＿＿＿＿＿＿＿＿＿＿＿＿＿＿＿
＿＿
＿＿
＿＿
＿＿

5. 故障诊断流程分析

经小组讨论,确定该故障诊断流程如下:＿＿＿＿＿＿＿＿＿＿＿＿＿＿＿＿＿＿＿＿＿＿
＿＿
＿＿
＿＿
＿＿

6. 小组分工情况

本小组成员包括:＿＿＿＿＿＿＿＿＿＿＿＿＿＿＿＿＿＿＿＿＿＿＿＿＿＿＿＿＿＿＿＿
＿＿

本人在小组分工中承担的任务：_____
_____

7. 诊断过程记录与分析

（1）基础检查。

序号	检查项目	检查结果	序号	检查项目	检查结果
1	蓄电池电压		4	油管路连接	
2	组合仪表指示灯		5	电气元件连接	
3	自动变速器油检查		6	有无明显漏油水气	

有无故障代码及含义：_____
_____

（2）基本数据流分析。

序号	检查项目	数据	判断	序号	检查项目	数据	判断
1	喷油器喷油脉宽				前进挡（D位）升挡试验		
2	进气量或歧管压力				节气门开度		
3	变速器油温			7	发动机转速		
4	进气温度				变速器挡位	1 2 3 4	
5	冷却液温度				升挡车速		
6	点火提前角				锁止电磁阀状态		

（3）手动换挡试验分析。

换挡手柄位置	P	R	N	D	2	L
车速						
实际挡位						
理论挡位						
结果判断						

结果分析：_____
_____

注：发动机转速2000r/min。

（4）失速试验分析（选做）。

换挡手柄位置	D	R	2	1
失速转速				
结果判断				

结果分析：_____
_____

(5) 油压试验分析(选做)。

发动机状态	换挡手柄位置			
	D		R	
	标准值	测量值	标准值	测量值
发动机怠速				
发动机失速				

结果分析：_____

(6) 深入检测与诊断分析。

序号	检测项目	检测方法	测得参数	结论
1	挡位开关			
2				
3				

(7) 故障点及排除方法。
故障点：_____

排除方法：_____

(8) 结果复查。
经复查：_____

8. 场地、设备清查复位

序号	检查项目	结果确认	序号	检查项目	结果确认
1	收起车轮挡块		5	仪器设备复位	
2	收起尾气抽排管		6	工量具复位	
3	收起格栅及翼子板布		7	技术资料复位	
4	收起车内三件套		8	场地清洁	

9.评价与反馈
(1)学习小结。

_____
_____
_____
_____

(2)成绩评定。
小组评议等级：_____　　组长签名：_____
教师评议等级：_____　　教师签名：_____

工单 5　项目 3.4 汽车转向沉重故障诊断与排除

1. 基本信息

项　目	信　息	项　目	信　息
车型		转向系类型	
VIN		行驶里程	

2. 场地及设备初步检查

序号	检查项目	结果确认	序号	检查项目	结果确认
1	汽车停放位置与举升机状况检查		6	发动机机油、冷却液检查	
2	放置车轮挡块		7	蓄电池状况检查	
3	连接尾气抽排管		8	仪器设备准备	
4	放置格栅及翼子板布		9	工量具准备	
5	放置车内三件套		10	技术资料准备	

3. 故障现象确认

经确认,该车故障现象为：＿＿＿＿＿＿＿＿＿＿＿＿＿＿＿＿＿

＿＿＿＿＿＿＿＿＿＿＿＿＿＿＿＿＿＿＿＿＿＿＿＿＿＿＿＿＿

4. 故障原因分析

经小组讨论,确定造成该故障的可能原因如下：＿＿＿＿＿＿＿

＿＿＿＿＿＿＿＿＿＿＿＿＿＿＿＿＿＿＿＿＿＿＿＿＿＿＿＿＿

＿＿＿＿＿＿＿＿＿＿＿＿＿＿＿＿＿＿＿＿＿＿＿＿＿＿＿＿＿

＿＿＿＿＿＿＿＿＿＿＿＿＿＿＿＿＿＿＿＿＿＿＿＿＿＿＿＿＿

＿＿＿＿＿＿＿＿＿＿＿＿＿＿＿＿＿＿＿＿＿＿＿＿＿＿＿＿＿

5. 故障诊断流程分析

经小组讨论,确定该故障诊断流程如下：＿＿＿＿＿＿＿＿＿＿

＿＿＿＿＿＿＿＿＿＿＿＿＿＿＿＿＿＿＿＿＿＿＿＿＿＿＿＿＿

＿＿＿＿＿＿＿＿＿＿＿＿＿＿＿＿＿＿＿＿＿＿＿＿＿＿＿＿＿

＿＿＿＿＿＿＿＿＿＿＿＿＿＿＿＿＿＿＿＿＿＿＿＿＿＿＿＿＿

＿＿＿＿＿＿＿＿＿＿＿＿＿＿＿＿＿＿＿＿＿＿＿＿＿＿＿＿＿

6. 小组分工情况

本小组成员包括：＿＿＿＿＿＿＿＿＿＿＿＿＿＿＿＿＿＿＿＿

本人在小组分工中承担的任务：_____

7.诊断过程记录与分析

（1）基础检查。

序号	检查项目	检查结果	序号	检查项目	检查结果
1	蓄电池电压		4	油管路连接	
2	组合仪表指示灯		5	电气元件连接	
3	转向油液检查		6	有无明显漏油、水、气	

有无故障代码及含义：_____

（2）深入检测与诊断分析。

序号	检测项目	检测工况/方法	测得参数	结果分析
1				
2				
3				

（3）故障点及排除方法。

故障点：_____

排除方法：_____

（4）结果复查。

经复查：_____

8.场地、设备清查复位

序号	检查项目	结果确认	序号	检查项目	结果确认
1	收起车轮挡块		5	仪器设备复位	
2	收起尾气抽排管		6	工量具复位	
3	收起格栅及翼子板布		7	技术资料复位	
4	收起车内三件套		8	场地清洁	

9. 评价与反馈
(1)学习小结。
_____
_____
_____
_____
_____

(2)成绩评定。
小组评议等级：_____ 组长签名：_____
教师评议等级：_____ 教师签名：_____

工单6　项目3.6ABS警告灯常亮故障诊断与排除

1. 基本信息

项　目	信　息	项　目	信　息
车型		ABS类型	
VIN		行驶里程	

2. 场地及设备初步检查

序号	检查项目	结果确认	序号	检查项目	结果确认
1	汽车停放位置与举升机状况检查		6	发动机机油、冷却液检查	
2	放置车轮挡块		7	蓄电池状况检查	
3	连接尾气抽排管		8	仪器设备准备	
4	放置格栅及翼子板布		9	工量具准备	
5	放置车内三件套		10	技术资料准备	

3. 故障现象确认

经确认,该车故障现象为:_____

_____

4. 故障原因分析

经小组讨论,确定造成该故障的可能原因如下:_____

_____

_____

_____

_____

_____

5. 故障诊断流程分析

经小组讨论,确定该故障诊断流程如下:_____

_____

_____

_____

_____

_____

6. 小组分工情况

本小组成员包括:_____

_____

本人在小组分工中承担的任务：_____

_____

7. 诊断过程记录与分析

（1）基础检查。

序号	检查项目	检查结果	序号	检查项目	检查结果
1	蓄电池电压		4	电气元件连接	
2	组合仪表指示灯		5	制动管路检查	
3	轮速传感器安装		6	制动液检查	

有无故障代码及含义：_____

_____

（2）基本数据流分析。

序号	检查项目	数据	判断	序号	检查项目	数据	判断
1	车轮转速传感器 LF			5			
2	车轮转速传感器 LR			6			
3	车轮转速传感器 RF			7			
4	车轮转速传感器 RR			8			

（3）深入检测与诊断分析。

序号	检测项目	元件位置	检测方法	检查结果
1				
2				
3				

（4）故障点及排除方法。

故障点：_____

_____

排除方法：_____

_____

（5）结果复查。

经复查：_____

_____

8.场地、设备清查复位

序号	检查项目	结果确认	序号	检查项目	结果确认
1	收起车轮挡块		5	仪器设备复位	
2	收起尾气抽排管		6	工量具复位	
3	收起格栅及翼子板布		7	技术资料复位	
4	收起车内三件套		8	场地清洁	

9.评价与反馈

(1)学习小结。

_____
_____
_____
_____
_____

(2)成绩评定。

小组评议等级:_____ 组长签名:_____

教师评议等级:_____ 教师签名:_____

工单7 项目4.1 空调制冷不足故障诊断与排除

1. 基本信息

项　目	信　息	项　目	信　息
车型		制冷循环系统类型	
行驶里程		空调系统类型	

2. 场地及设备初步检查

序号	检查项目	结果确认	序号	检查项目	结果确认
1	汽车停放位置与举升机状况检查		6	发动机机油、冷却液检查	
2	放置车轮挡块		7	蓄电池状况检查	
3	连接尾气抽排管		8	仪器设备准备	
4	放置格栅及翼子板布		9	工量具准备	
5	放置车内三件套		10	技术资料准备	

3. 故障现象确认

经确认,该车故障现象为:＿＿＿＿＿＿＿＿＿＿＿＿＿＿＿＿＿＿＿
＿＿＿＿＿＿＿＿＿＿＿＿＿＿＿＿＿＿＿＿＿＿＿＿＿＿＿＿＿＿＿

4. 故障原因分析

经小组讨论,确定造成该故障的可能原因如下:＿＿＿＿＿＿＿＿＿
＿＿＿＿＿＿＿＿＿＿＿＿＿＿＿＿＿＿＿＿＿＿＿＿＿＿＿＿＿＿＿
＿＿＿＿＿＿＿＿＿＿＿＿＿＿＿＿＿＿＿＿＿＿＿＿＿＿＿＿＿＿＿
＿＿＿＿＿＿＿＿＿＿＿＿＿＿＿＿＿＿＿＿＿＿＿＿＿＿＿＿＿＿＿
＿＿＿＿＿＿＿＿＿＿＿＿＿＿＿＿＿＿＿＿＿＿＿＿＿＿＿＿＿＿＿

5. 故障诊断流程分析

经小组讨论,确定该故障诊断流程如下:＿＿＿＿＿＿＿＿＿＿＿＿
＿＿＿＿＿＿＿＿＿＿＿＿＿＿＿＿＿＿＿＿＿＿＿＿＿＿＿＿＿＿＿
＿＿＿＿＿＿＿＿＿＿＿＿＿＿＿＿＿＿＿＿＿＿＿＿＿＿＿＿＿＿＿
＿＿＿＿＿＿＿＿＿＿＿＿＿＿＿＿＿＿＿＿＿＿＿＿＿＿＿＿＿＿＿
＿＿＿＿＿＿＿＿＿＿＿＿＿＿＿＿＿＿＿＿＿＿＿＿＿＿＿＿＿＿＿

6. 小组分工情况

本小组成员包括:＿＿＿＿＿＿＿＿＿＿＿＿＿＿＿＿＿＿＿＿＿＿＿
＿＿＿＿＿＿＿＿＿＿＿＿＿＿＿＿＿＿＿＿＿＿＿＿＿＿＿＿＿＿＿

本人在小组分工中承担的任务：_____

7. 诊断过程记录与分析

（1）基础检查。

序号	检查项目	检查结果	序号	检查项目	检查结果
1	蓄电池电压		4	制冷管路连接	
2	组合仪表指示灯		5	电气元件连接	
3	压缩机工作状态		6	散热风扇工作	

有无故障代码及含义：_____

（2）深入检测与诊断分析。

序号	检测项目	检测工况/方法	测得参数	结果分析
1	管路压力			
2				
3				

（3）故障点及排除方法。

故障点：_____

排除方法：_____

（4）结果复查。

经复查：_____

8. 场地、设备清查复位

序号	检查项目	结果确认	序号	检查项目	结果确认
1	收起车轮挡块		5	仪器设备复位	
2	收起尾气抽排管		6	工量具复位	
3	收起格栅及翼子板布		7	技术资料复位	
4	收起车内三件套		8	场地清洁	

9. 评价与反馈

(1)学习小结。
_____
_____
_____
_____
_____

(2)成绩评定。
小组评议等级：_____ 组长签名：_____
教师评议等级：_____ 教师签名：_____

工单 8　项目 4.2 灯光不亮故障诊断与排除

1. 基本信息

项　目	信　　息	项　目	信　　息
车型		发动机型号	
VIN		行驶里程	

2. 场地及设备初步检查

序号	检查项目	结果确认	序号	检查项目	结果确认
1	汽车停放位置与举升机状况检查		6	发动机机油、冷却液检查	
2	放置车轮挡块		7	蓄电池状况检查	
3	连接尾气抽排管		8	仪器设备准备	
4	放置格栅及翼子板布		9	工量具准备	
5	放置车内三件套		10	技术资料准备	

3. 故障现象确认

经确认,该车故障现象为:_____

_____

4. 故障原因分析

经小组讨论,确定造成该故障的可能原因如下:_____

_____

_____

_____

_____

_____

5. 故障诊断流程分析

经小组讨论,确定该故障诊断流程如下:_____

_____

_____

_____

_____

_____

6. 小组分工情况

本小组成员包括:_____

_____

本人在小组分工中承担的任务：_____

7. 诊断过程记录与分析

(1) 基础检查。

序号	检查项目	检查结果	序号	检查项目	检查结果
1	蓄电池电压		3	电气元件连接	
2	组合仪表指示灯				

有无故障代码及含义：_____

(2) 深入检测与诊断分析。

序号	检测项目	检测工况/方法	测得参数	结果分析
1				
2				
3				

(3) 故障点及排除方法。

故障点：_____

排除方法：_____

(4) 结果复查。

经复查：_____

8. 场地、设备清查复位

序号	检查项目	结果确认	序号	检查项目	结果确认
1	收起车轮挡块		5	仪器设备复位	
2	收起尾气抽排管		6	工量具复位	
3	收起格栅及翼子板布		7	技术资料复位	
4	收起车内三件套		8	场地清洁	

9. 评价与反馈

(1)学习小结。

_____
_____
_____
_____

(2)成绩评定。

小组评议等级：_____ 组长签名：_____
教师评议等级：_____ 教师签名：_____

工单9　项目5.1车辆无法上电故障诊断与排除

1. 基本信息

项　目	信　息	项　目	信　息
车型		SOC	
VIN		行驶里程	

2. 场地及设备初步检查

序号	检查项目	结果确认	序号	检查项目	结果确认
1	汽车停放位置与举升机状况检查		6	发动机机油、冷却液、制动液检查	
2	放置车轮挡块		7	蓄电池状况检查	
3	连接尾气抽排管		8	仪器设备准备	
4	放置格栅及翼子板布		9	安全防护准备	
5	放置车内三件套		10	技术资料准备	

3. 故障现象确认

经确认,该车故障现象为:＿＿＿＿＿＿＿＿＿＿＿＿＿＿＿＿＿＿＿＿＿＿＿＿＿＿＿＿

＿＿

＿＿

＿＿

4. 故障原因分析

经小组讨论,确定造成该故障的可能原因如下:＿＿＿＿＿＿＿＿＿＿＿＿＿＿＿＿＿＿

＿＿

＿＿

＿＿

5. 故障诊断流程分析

经小组讨论,确定该故障诊断流程如下:＿＿＿＿＿＿＿＿＿＿＿＿＿＿＿＿＿＿＿＿＿

＿＿

＿＿

＿＿

6. 小组分工情况

本小组成员包括：_____

_____

本人在小组分工中承担的任务：_____

_____

7. 诊断过程记录与分析

（1）基础检查。

序号	检查项目	检查结果	序号	检查项目	检查结果
1	蓄电池电压		4	油气管路连接	
2	组合仪表指示灯		5	电气元件连接	
3	冷却液液位检查		6	有无明显漏油水气	

有无故障代码及含义：_____

_____

（2）基本数据流分析（选填）。

序号	检查项目	数据	判断	序号	检查项目	数据	判断
1	动力电池总电压			7	正极接触器状态		
2	电机母线电压				负极接触器状态		
3	电池单位最高温度				高压互锁1		
4	电机温度						
5	工作电流						
6	预充接触器状态						

（3）深入检测与诊断分析。

序号	检测项目	检测方法	测得参数	结论
1	控制单元供电			
2				
3				

（4）故障点及排除方法。

故障点：_____

_____

排除方法：_____

_____

(5)结果复查。

经复查：_____

_____

8. 场地、设备清查复位

序号	检查项目	结果确认	序号	检查项目	结果确认
1	收起车轮挡块		5	仪器设备复位	
2	收起尾气抽排管		6	工量具复位	
3	收起格栅及翼子板布		7	技术资料复位	
4	收起车内三件套		8	场地清洁	

9. 评价与反馈

(1)学习小结。

_____

_____

_____

(2)成绩评定。

小组评议等级：_____　组长签名：_____

教师评议等级：_____　教师签名：_____

工单 10　项目 5.2 不能充电故障诊断与排除

1. 基本信息

项　目	信　息	项　目	信　息
车型		SOC	
VIN		行驶里程	

2. 场地及设备初步检查

序号	检查项目	结果确认	序号	检查项目	结果确认
1	汽车停放位置与举升机状况检查		6	发动机机油、冷却液、制动液检查	
2	放置车轮挡块		7	蓄电池状况检查	
3	连接尾气抽排管		8	仪器设备准备	
4	放置格栅及翼子板布		9	安全防护准备	
5	放置车内三件套		10	技术资料准备	

3. 故障现象确认

经确认,该车故障现象为:＿＿＿＿＿＿＿＿＿＿＿＿＿＿＿＿＿＿＿＿＿＿＿＿＿＿

＿＿＿＿＿＿＿＿＿＿＿＿＿＿＿＿＿＿＿＿＿＿＿＿＿＿＿＿＿＿＿＿＿＿＿＿＿＿

4. 故障原因分析

经小组讨论,确定造成该故障的可能原因如下:＿＿＿＿＿＿＿＿＿＿＿＿＿＿＿

＿＿＿＿＿＿＿＿＿＿＿＿＿＿＿＿＿＿＿＿＿＿＿＿＿＿＿＿＿＿＿＿＿＿＿＿＿＿

＿＿＿＿＿＿＿＿＿＿＿＿＿＿＿＿＿＿＿＿＿＿＿＿＿＿＿＿＿＿＿＿＿＿＿＿＿＿

＿＿＿＿＿＿＿＿＿＿＿＿＿＿＿＿＿＿＿＿＿＿＿＿＿＿＿＿＿＿＿＿＿＿＿＿＿＿

＿＿＿＿＿＿＿＿＿＿＿＿＿＿＿＿＿＿＿＿＿＿＿＿＿＿＿＿＿＿＿＿＿＿＿＿＿＿

5. 故障诊断流程分析

经小组讨论,确定该故障诊断流程如下:＿＿＿＿＿＿＿＿＿＿＿＿＿＿＿＿＿＿

＿＿＿＿＿＿＿＿＿＿＿＿＿＿＿＿＿＿＿＿＿＿＿＿＿＿＿＿＿＿＿＿＿＿＿＿＿＿

＿＿＿＿＿＿＿＿＿＿＿＿＿＿＿＿＿＿＿＿＿＿＿＿＿＿＿＿＿＿＿＿＿＿＿＿＿＿

＿＿＿＿＿＿＿＿＿＿＿＿＿＿＿＿＿＿＿＿＿＿＿＿＿＿＿＿＿＿＿＿＿＿＿＿＿＿

＿＿＿＿＿＿＿＿＿＿＿＿＿＿＿＿＿＿＿＿＿＿＿＿＿＿＿＿＿＿＿＿＿＿＿＿＿＿

6. 小组分工情况

本小组成员包括:＿＿＿＿＿＿＿＿＿＿＿＿＿＿＿＿＿＿＿＿＿＿＿＿＿＿＿＿＿

＿＿＿＿＿＿＿＿＿＿＿＿＿＿＿＿＿＿＿＿＿＿＿＿＿＿＿＿＿＿＿＿＿＿＿＿＿＿

本人在小组分工中承担的任务：_____

_____

7. 诊断过程记录与分析

(1) 基础检查。

序号	检查项目	检查结果	序号	检查项目	检查结果
1	蓄电池电压		4	油气管路连接	
2	组合仪表指示灯		5	电气元件连接	
3	冷却液液位检查		6	有无明显漏油、水、气	

有无故障代码及含义：_____

_____

(2) 基本数据流分析(选填)。

序号	检查项目	数据	判断	序号	检查项目	数据	判断
1	充电连接状态			7	负极接触器状态		
2	充电确认电压			8	高压互锁1		
3	充电占空比			9			
4	充电插座温度			10			
5	预充接触器状态			11			
6	正极接触器状态			12			

结果分析：_____

_____

(3) 深入检测与诊断分析。

序号	检测项目	检测方法	测得参数	结　论
1	控制单元供电			
2				
3				

(4) 故障点及排除方法。

故障点：_____

_____

排除方法：_____

_____

(5)结果复查。

经复查:_____

8.场地、设备清查复位

序号	检 查 项 目	结果确认	序号	检 查 项 目	结果确认
1	收起车轮挡块		5	仪器设备复位	
2	收起尾气抽排管		6	工量具复位	
3	收起格栅及翼子板布		7	技术资料复位	
4	收起车内三件套		8	场地清洁	

9.评价与反馈

(1)学习小结。

_____

_____

_____

_____

(2)成绩评定。

小组评议等级:_____ 组长签名:_____

教师评议等级:_____ 教师签名:_____